교사,
정말 진심이면
되나요?

써나쌤의 교회학교 교사 즉문즉답

교사, 정말 진심이면 되나요?

오선화 지음

사자와 어린양

머리말

"교사, 정말 진심이면 되나요?"

《교사, 진심이면 돼요》(2018)를 출간한 뒤로 "교사, '정말' 진심이면 되나요?"라는 질문을 참 많이 받았습니다. 인터뷰를 할 때도 교사 대상 강의를 할 때도 같은 질문을 받았지요. 그때마다 저는 이렇게 대답했습니다.

"진심만 있다고 다 되지는 않습니다. 하지만 진심이 없으면 아무것도 되지 않지요."

이 생각은 지금도 변함이 없습니다.

강의 때마다 저보다 훨씬 경험도 풍부하고 최선을 다하시는 선생님들을 수없이 만납니다. 하나라도 더 알아서 아이들을 이해하고 함께하고픈 마음으로 던진 그 질문들이 얼마나 소중한지요. 그분들의 눈빛을 보면서, 진심을 가지고 사역하지만 여러 어려움을 겪는 교사들이 던진 현장성 있는 질문들을 엮어 책으로 만들어 드리면 좋겠다는 생각을 했습니다.

여기저기 돌아다니며 질문을 받다 보니 제 편에서는 겹치는 내용이 제법 많았습니다. 하지만 질문하신 분은 혼자서 오랫동안 고민하던 문제를 어렵사리 꺼내셨겠지요. 혼자만의 고민인 줄 알았는데, 다른 사람들도 같은 고민을 하고 있음을 알게 되면 그 자체로 위로가 되지요. '나만 그런 게 아니었구나' 하는 마음은 한껏 긴장했던 마음을 평안하게 해주니까요.

교회학교 관련하여 이야기를 전하다 보니 저를 전도사나 목사로 생각하는 분들도 종종 있습니다. 하지만 저는 한 교회의 집사인 만큼 성경적이고 신학적인 답변은 못 드린다는 점 먼저 양해를 구합니다. 다만 같은 교사로서 충분히 공감하며 얘기해 드리겠습니다. 교사들끼리 나누는 대화랄까요. 마음이 어려운 엄마들을 위해 태교학교를 열어 활동하다가 영아부와 청소년부 교사를 했고, 현재는 교회 밖 청소년과 밥 먹는 사람으로 살고 있으니, 좀 더 폭넓고 생생하게 답을 드릴 수는 있을 것 같습니다. 이런 제 마음이 여러분에게 가닿기를 바라며 열심히, 진심을 다해 말씀드리겠습니다.

진심이 있으면 더 알고 싶고 더 사랑하고 싶고 더 공감하고 싶고, 그러기 위해 더 배우고 더 공부하게 됩니다. 선생님의 그런 마음에 이 책이 작은 도움이라도 되길 바라고 기도합니다.

    교사로서 존재해 주시는 모든 선생님께 감사를 드립니다. 선생님의 사랑은 실패하지 않을 겁니다. 우리가 받은 그분의 사랑이 그렇듯이 우리의 사랑도 분명히….

2025년 7월
진심을 가득 담아
오선화 올림

차례

머리말 ○ 4

1

예배와 자세 ○ 9

2

관계와 소통 ○ 55

3

편견과 이해 ○ 121

4

마음과 돌봄 ○ 175

1.
예배와
자세

써나쌤 story

안녕하세요. 이 책의 저자 오선화예요. 아이들은 저를 가리켜 '써나쌤'이라고 하지요. 질문에 답해 드리기 전에 먼저 제 이야기를 나누려고 해요.

저는 고3 때 교회에 처음 나갔어요. '교회를 다니지 않는 사람들은 성경을 읽기 전에 교인을 읽는다'는 말이 있어요. 교회 다니는 사람들을 보고 교회에 가고 싶다는 생각을 하게 되는 경우가 참 많지요. 저는 그 말에 정말 공감해요. 저 역시 교회 다니는 친구들 덕분에 교회를 다니게 되었거든요. 그 친구들은 월요일만 되면 교회에서 있었던 일을 재미있게 나눴어요.

친구들 이야기를 듣다 보면 저절로 교회에 가고 싶어졌죠. 특히 제 귀에 정확하고 강렬하게 꽂힌 말이 있는데요, "드럼 치는 오빠가 엄청 귀엽게 생겼어"라는 겁니다. 그 말을 듣고 어떻게 교회에 안 갈 수 있겠어요!

하지만 저는 교회에 나가기가 힘들었어요. 아버지가 교회 다니는 걸 반대하셨거든요. 반대하는 어른들이 놓치는 부분이 있는 거 아시죠? 반대하면 더 하고 싶어진다는 사실! 저도 아버지의 반대 덕분에 교회에 더 가고 싶어졌고, 드럼 치는 오빠를 보기 위해서라도 꼭 가야겠는데, 아버지 태도가 완강하셨어요. 교회 가고 싶다고 했다가 회초리를 맞았죠.

아버지 말씀으로는, 아버지의 작은아버지 한 분이 교회를 다니고 나서 아버지의 아버지, 그러니까 저희 할아버지 눈 밖에 났대요. 유교 집안인데 제사를 지내지 말자고 하지를 않나, 제삿날에 절을 안 하겠다고 하지를 않나… 할아버지 입장에서는 버릇없이 대드는 동생이었던 거죠. 할아버지는 그런 동생을 보며 교회를 싫어하게 되셨고, 누군가와 친해져도 그 사람이 기독교인이면 안 만나실 정도였죠. 그런데 제가 결국 교회에 나가게 되었어요.

어느 날, 한 목사님이 전도하기 위해 우리 집 초인종을 눌렀어요. "예수 믿으세요"라는 소리에 현관문을 휙 닫으려던 아버지가 주보를 들고 있던 목사님 손을 치게 되었고, 그 바람에 주보가 바닥으로 떨어졌대요. 아버지가 주보를 얼른 주워 목사님께 전달하다가 주보 앞면에 적힌 목사님 성함을 보게 되었어요. 목사님의 성이 '오'씨인 걸 발견하고, (제가 오씨잖아요) 아버지가 물으셨대요.

"이게 목사님 성함입니까?"

"그렇습니다만…."

그 말에 아버지는 당신 어디 오씨냐, 아버님 돌림 자는 뭐냐 하면서 족보를 따져 보았대요. 알고 보니 자신의 조카뻘! 가문과 족보를 중시하는 아버지가 말씀하셨대요.

"우리 집은 원래 아버님의 뜻을 따라 기독교를 믿으면 안 되는데, 큰딸이 교회를 다니고 싶다고 했고, 아버지도 조카가 교회를 하고 있다는 건 모르셔서 그런 말씀을 하셨을 테니, 큰딸은 교회에 보내 주겠소. 하지만 다른 식구를 전도하려고는 하지 마시오."

그렇게 해서 다니게 된 교회가 저에게는 천국 그 자체였어요. 아버지가 가지 말라고 반대할 수 없는 곳인데, 아버지가 찾아오지도 않는 장소였거든요. 아버지에게 혼나지 않아도 갈 수 있는데, 아버지의 방해를 받지 않는 곳이라니! 천국이 아닐 수 없었죠. 작은 교회라서 성가대를 했다가 반주기를 누르는 봉사도 했다가 교사도 했다가 찬양팀도 했다가… 정말 해야 할 일이 많았는데도 너무 즐거웠어요. 아, 물론 드럼 치는 오빠는 엄청 귀여운 분이었어요. 친구들이 교회 다녀서 그런지 거짓말은 안 하더라고요!!

 (제 이야기가 궁금하시면 이 책 각 장에 수록된 '써나쌤의 스토리'를 먼저 읽으셔도 좋아요.)

아이들이 앞쪽부터 안 앉아요.

 우리는 왜 매번 앞쪽부터 앉아야 한다고 말할까요? 저는 이에 대해 불만이 좀 있습니다. 일찍 교회에 가면 상을 받아야 할 텐데, 일찍 간 탓에 앞쪽에 앉게 되면 벌을 받는 것 같았거든요. 저는 늦는 걸 싫어하지만, 앞에 앉는 건 더욱 싫었어요.

어떤 분들은 공부를 잘하면 앞에 앉는 걸 좋아한다고 생각하는 듯한데, 공부를 잘하면서도 뒤에 앉고 싶어 하는 친구도 있답니다. 공부를 잘하는 아이들은 앞에 앉고 싶어 한다느니, 앞에 앉아야 공부를 잘한다느니 하는 말들도 편견이 아닌가 싶어요.

그런데 저랑 같은 생각을 했던 제 친구도 이제 어른이 되더니 앞에 앉아야 한다고 하더라고요. 어른이 되면 이전에 저항했던 것들을 꼭 지켜야 할 항목으로 바꾸어 저장하는 신기한 능력이 생기나 봅니다. 잘 생각해 보세요. 우리도 어릴 적에 앞에 앉는 거 싫어했지 않나요? 솔직히 말하면 지금도 앞에 앉기 싫어하잖아요.

그러면 아이들에게 뒤쪽부터 앉으라고 해보면 어떨까요? "뒤쪽부터 앉으세요!" 하면 많은 친구들이 엄청 좋아하지 않을까요? 저는 앞에 앉기 싫어서 일부러 늦게 간 적도 있는데, 뒤쪽부터 앉으라고 하면 저 같은 아이들이 일부러 늦게 갈 일도 줄 것 같아요. 늦게 가면 앞자리만 남는다는 사실이 알려지면 늘 늦는 아이 중에 조금 일찍 가고 싶은 마음을 품는 녀석도 생길 것 같고요.

앞에 앉는 게 예배를 더 잘 드릴 것 같아서만은 아니라고요? 그렇죠, 알죠! 앞에서부터 자리가 채워져야 진행하는 어른들 보기에 좋고, 늦게 오는 친구들도 눈치 안 보고 뒷자리에 몰래 앉을 수 있는 이점이 분명 있어요. 그런데 생각해 보세요. 앞에서부터 앉으라고 해서 잘 따르던가요? 솔직히 어른 예배 때도 앞에서부터 앉으라고 안내위원이 그렇게 열심히 권해도 대부분 자신의 지정석에 앉잖아요. 안내위원의 말에 순종하려고 다른 자리에 착석했다가도 자신이 앉았던 자리가 아니니 뭔가 이상하고 불편해서 본인 지정석으로 슬쩍 옮기시는 어른들을 많이 봤습니다.

그러니 우리 예배 전에 괜히 힘 빼지 말고, 뒷자리부터, 혹은 자신이 앉고 싶은 자리에 앉게 하자고요.

어떻게 하면 아이들이
예배에 집중할 수 있을까요?

부모 강의를 하러 가면 어린아이를 데리고 오는 엄마들을 가끔 만나요. 강의는 듣고 싶은데 아이를 맡길 데가 없으니 당연히 데려올 수밖에요. 제가 아이 키울 때 생각도 나서 아이랑 같이 들어도 괜찮다고 말씀드리고 청중에게 양해를 구해요.

"아이가 돌아다닐 거예요. 가만히, 얌전히 있으면 아이가 아니잖아요. 아프지 않으면 돌아다니고 장난칠 수밖에 없어요. 그러니 아이가 움직여도 저에게 집중해 주시면 돼요."

그렇잖아요. 방해하지 않으려고 가만히, 얌전히 앉아 있다면 아이가 아니지요. 어른도 가만히 있기 힘든데 아이가 어떻게 강의 내내 안 움직이고 있겠어요.

마찬가지로 예배 시간 내내 집중을 하는 아이는 이 세상에 없을 거예요. 우리도 그랬잖아요. 주보에 이것저것 낙서하며 몸을 배배 꼬면서 앉아 있었죠. 저만 그런 거 아니죠? 오죽하면 〈너랑 주보에 낙서하고 싶어라〉라는 CCM이 나왔겠어요. 그러니 아이들이 집중하지 못하는 건 무슨 특별한 이유가 있거나 스마트폰 때문이 아니라, 그 시기 아이들의 특징이에요.

저는 어른이 된 후에도 주보에 낙서할 때가 종종 있어요. 딴생각을 할 때도 많고요. 가만히 앉아서 뭘 하려 해도 시간이 길어지면 힘들잖아요. 그러니 아이들은 딴짓하고 집중을 못 하는 게 당연하다고 생각해 주세요. 다만 우리 선생님들은 예배에 최대한 집중하시면 좋겠습니다. 선생님들 가운데 정작 본인은 예배를 드리지 않으시고, 예배를 잘 드리지 않는 녀석들을 지적하는 데만 집중하는 분들이 계시더라고요. 교회학교 예배는 아이들 예배이지 자신의 예배는 아니라고 생각하시는지, 카톡도 마음껏 하면서 너무 편하게 예배에 참여하세요. 어떤 부장 선생님은 예배 시간 내내 뒤에서 감시를 하다가 한 명 걸리면 예배 중인데도 아이에게 다가가서 혼을 내시더라고요.

그런데요, 우리 아이들이 드리는 예배도 예배잖아요! '대'예배가 있고 '소'예배가 있나요? 규모에 따라 그렇게 정의하는 교회가 있긴 한데, 그건 편의상 분류이지 크고 중요한 예배와 작고 중요하지 않은 예배라는 의미는 아니잖아요.

주일학교 예배도 예배예요! 아이들에게만 주시는 말씀이 아니라, 저와 선생님의 마음속 아이에게도 주시는 말씀이죠. 교회 선생님은 교사이기 전에 예배자입니다. 주일학교 예배는 아이들과 함께 드리는 예배이지 아이들만의 예배는 아니라는 점 명심 또 명심하시고, 우리 함께 영과 진리로 예배드려요!

그리고 정말 꼭 지적해야 할 내용이라면 예배가 끝나고 해 주세요. 예배를 잘 드리라고, 예배드리고 있는 그 아이를 나무라는 건 이상하지 않나요? 정말 다른 친구들이 예배드리는 데 지나치게 방해가 되고, 그 아이 때문에 예배가 진행이 안 되는 경우라면 선생님께서 그 친구 옆에 앉아 주세요. 등을 토닥이셔도 좋고, 손을 꼭 잡고 예배드리셔도 좋아요. 그러면서 선생님이 예배에 집중하는 모습을 보여 주세요.

안타까운 마음에 한 말씀 더 드리면, 공과 시간에도 교회학교 예배 때 선생님이 느낀 것을 나눠 주세요. '대예배'드리고 오셨다고 해서 그 예배에서 들은 말씀만 나눠 주지 마시고요.

아이들과 함께 드린 예배에서 무엇을 느꼈는지 서로 나누면 공감대도 형성되고, 서로 다름도 인정할 수 있게 되거든요.

무엇보다 가장 좋은 가르침은 말보다 '삶'이에요. 선생님이 집중하여 예배드리는 모습이 아이들에게 가장 좋은 교육이 될 거예요.

어른들에게는 다음세대를 향한 마음을, 다음세대에게는 어른들을 향한 공경을 가르치고 싶어요. 어떻게 하면 좋을까요?

네, 저도 꼭 필요한 부분이라고 생각해요. 설교나 공과 때 아이들 눈높이에 맞춰 말씀을 전해 주시는 것도 필요하지만, 세대 간에 서로를 많이 보여 줄 기회를 만들면 좋겠어요.

요즘 교회는 대체로 세대별로 예배가 분리되어 있어요. 예전에는 가족들이 집에서 많은 시간 같이 머물다가 교회에 와서 서로 분리되었는데, 지금은 가족이 한 공간에 같이 있을 시간이 별로 없고 할머니나 할아버지를 만날 기회도 적잖아요. 그런데 교회에 와서도 떨어져 있는 상황이지요.

씨앗을 봐야 싹을 기대할 수 있고 얼굴을 봐야 정이 싹트는데, 세대 간에 서로를 볼 시간이나 기회가 거의 없죠.

1.
예배와
자세

교회마다 상황이 다르겠지만, 세대가 함께 얼굴 볼 기회를 자주 만들면 좋겠습니다. 한 달에 한 번은 온세대 예배를 드린다든지, 다음세대와 어른세대를 한 명씩 매칭해서 기도짝을 만들어 준다든지…. 저는 부모와 함께 드리는 예배 형식도 참 좋다고 생각하는데, 이런 예배를 기획할 때는 보호자가 없거나 한 부모 가정 아이도 있으니 상처받는 사람이 없도록 세심하게 살피고 알아보면서 준비하면 좋겠습니다.

예배가 참 중요한데 아이들이 많이 늦어요. 일찍 오게 하는 방법은 없을까요?

죄송하게도 그런 방법은 제게도 없네요. 하지만 제안은 드릴 수 있어요. 공과를 먼저 하는 건 어떨까요? 지난번에 다른 선생님께 같은 질문을 받았을 때도 그렇게 말씀드렸어요. 그랬더니 "예배가 더 중요한데 공과를 먼저 하면 어떡해요?"라고 재차 물으시더라고요.

물론 우선순위가 있고, 예배가 더 중요하지만, 경중과 우선순위가 꼭 시간순서는 아니잖아요. 중요한 걸 앞에 배치할 수도 있고 뒤에 배치할 수도 있고, 중간에 배치할 수도 있죠. 유명 가수는 가장 뒤에 등장한다지만, 요즘은 딱히 그렇지도 않더라고요.

예배가 더 중요하다면 더 많은 아이들이 예배 시간에 맞춰 갈 수 있어야 하지 않을까요? 예배 전에 공과나 소그룹 모임을 먼저 하면서 선생님과 이야기도 나누고, 아침을 못 먹고 오는 아이들이 많으니 김밥이나 빵도 같이 먹은 뒤 예배에 함께 참여하는 방식은 어떨까요. 그럼에도 늦는 아이들이 있겠지만 훨씬 줄지 않을까요? 예배 분위기도 한층 더 좋아질 것 같은데요. 함께 웃고 이야기 나누다가 함께 예배의 자리로 가니까요. 공과나 소그룹 모임 때 오늘 설교 주제나 본문을 가지고 미리 이야기 나누는 것도 좋고요. 그렇게 하면 전 이해가 있어서 설교 시간에 조금 더 집중하게 될 것 같아요.

유치부 교사인데요, 아이들이 주말에 여행을 가거나 해서 못 오는 경우가 잦아요. 이제 온라인 예배를 드리는 사람도 많다 보니 더욱 그런 듯해요. 주일 예배는 빠지지 않고 교회에 나와서 드리면 좋겠다고 말해 주고 싶은데, 여행은 결국 부모님이 결정하는 일이니까 눈치가 보이네요.

그 마음 충분히 이해해요. 하지만 선생님, 안 되는 건 안 되는 거예요. 양보할 수 없는 건 양보하시면 안 돼요. 선생님은 주일 예배만큼은 꼭 드려야 한다고 생각하시는 거잖아요. 그렇다면 그건 양보하지 마세요.

뭔가 말해 주고 싶어도 본질에 가깝지 않은 것들이 있어요. 그런 건 굳이 말하지 않아야죠. 하지만 본질 또는 본질에 가까운 것이라 여겨진다면, 여러 번 생각하고 고민하고 신앙의 선배들께 자문해도 선생님이 전하려는 바가 맞다면, 그것을 액세서리로 만들지 마세요. 아이의 눈높이에 맞춰 주일에 왜 꼭 교회에 나와야 하는지 말씀해 주시고, 보호자께도 오늘은 아이들과 주일 예배의 중요성에 대해 이야기 나누었다고 전해 주세요.

그런데 주의할 점은요, 지난주에 예배에 빠진 아이와 보호자에게 이번 주에 그 말을 바로 하면 저격으로 느낄 수 있어요. 그러니 시간이 조금 지나서 하시는 게 좋아요. 선생님이 직접 말씀드리는 게 부담된다면, 담당 교역자와 의논해서 설교와 공과 방향을 주일 성수에 맞춰 보는 것도 한 방법이에요.

공과 시간이 따로 없는 경우라면, 간식을 먹거나 얘기를 나눌 때 "오늘 목사님이 하신 말씀은 주일 예배에 꼭 나와야 한다는 이야기였어요" 하고 짚어 주면 좋아요. 그런데 선생님도 꼭 아셔야 할 내용은요, 보호자들도 주일 예배에 와야 한다는 사실을 인지하고 있다는 거예요. 교회 다니는 사람이라면 대체로 온라인 예배를 드리는 것에 대해 마음 찔려 해요. 진짜 불가피한 상황 때문에 나오지 못하는 경우도 있고요. 그러니 보호자가 몰라서 그랬다고는 생각하지 마세요.

이해하고 공감하면서, 지혜롭게 전달하시면 좋겠어요. 우리는 유치부 아이들에게 바른 가르침을 제시해야 하는 교사이니까요. 조심스레 전달해야겠지만 눈치는 보시지 않으면 좋겠습니다.

일찍 일어나서 교회에 올 수 있도록 아이들 마음을 바꿀 방법이 있을까요? 아이들이 적게 오면 출석표 적을 때 눈치도 보이고 그러네요.

안타깝게도 타인의 마음을 바꾸는 일은 거의 불가능에 가깝습니다. 물론 어떤 말로 인해 그 사람이 마음을 바꿀 의지를 갖게 하는 것은 가능하죠. 하지만 그건 그 사람이 마음을 바꿨다기보다 누군가의 영향을 받아 스스로 결심하고 행동한 결과이겠지요. 그러니 마음을 바꾸려고 하기보다 그 마음을 이해하려고 해보면 어떨까요?

아이들은 주말에만 할 수 있는 일이 많아요. 게임이나 충분한 잠이 주말에만 허락되는 경우가 많거든요. 보호자가 평일에는 이러한 것들을 하지 못하도록 제한하기 때문에도 그렇지만, 그렇게 하지 않아도 평일에 짬이 안 나는 경우가 대부분이죠. 학교와 학원을 오가며 주어진 일을 해내다 보면 잠잘 시간도 쉬는 시간도 충분히 갖기 힘들어요.

일찍 일어나서 예배 시간에 늦지 않게 오려면 토요일에 일찍 자는 것부터 시작해야 하는데, 토요일에 일찍 자는 것이 아이들 편에서는 너무 아까운 거예요. 그날 밤에만 딴짓을 할 수 있거든요. 딴짓도 중요하고 충분한 잠도 필요하니 늦게 잠들면 못 일어나는 거죠.

'그러면 딴짓을 안 하면 되잖아요'라고 생각하는 분도 계실 거예요. 하지만 아이들은 물론 어른들도 딴짓을 안 하고는 살기 힘들어요. 쉬어야 살죠.

일찍 일어나서 교회에 나오는 것 자체가 아이들에게는 꽤 힘든 일이에요. 그러니 우선 그 마음을 이해해 주세요. **"일찍 일어나서 교회 올 수 없을까?" 하기보다 "일어나기 너무 힘들지? 사실 선생님도 그렇긴 한데, 그래도 10분만 일찍 일어나는 거 노력해 보자"**라고 응원하면 마음에 좀 더 가닿을 거예요. 일찍 오라고 제안하기 전에 먼저 공감해 주시면 좋겠어요.

그리고 명령이 아니라 제안이어야 하는 거 아시죠? "일찍 와!"는 명령이고, "왜 늦게 오니?"는 비난이에요. 제안은 위에서 말씀드린 것처럼 "조금 일찍 일어나서 올 수 없을까?" 또는 "조금만 일찍 일어나서 와주면 좋겠어"라고 하시는 거예요.

저희 교회는 청소년부 예배가 주일 오후 2시입니다. 그런데도 늦는 아이들이 있어요. 그 시간까지 늦잠을 잔다는데, 이해가 되지 않습니다. 늦으면 안 된다고 가르쳐도 변하지 않는데, 어떻게 아이들을 이해해야 할까요?

속상하시겠어요. 그런데 아무리 좋은 마음으로 가르쳐도 아이들이 쉽게 바뀌지는 않을 듯해요. 그건 어른들도 마찬가지 아닐까요? 저는 어른이 된 지금도 가르침 그대로 살기가 힘들더라고요. 물론 어릴 때도 그랬던 것 같아요. 제가 어린 시절보다 그나마 조금이라도 나아지고 성장한 이유는, 회초리를 들어서라도 가르치시려는 아버지의 '훈육'이 아니라 맞아서 벌게진 종아리에 연고를 바르며 흘린 엄마의 '눈물' 덕분이라고 생각해요.

가르침으로써 뭔가를 실천하고 싶다는 동기가 아이들에게 부여되면 좋은데 그러기도 참 쉽지 않고, 동기가 부여되어도 동기 유발이 안 되면 제자리죠. 옳음을 열심히 가르쳐야겠지만, 아무리 좋은 가르침도 따르고자 하는 마음이 생기지 않으면 삶으로 옮겨지지 않죠. 그렇다고 안 가르칠 수 없으니 힘써 가르쳐야겠지만, 가르친 대로 변할 것이라는 생각에는 아무래도 무리가 있습니다. 왜 시간을 지켜야 하는지, 시간을 지키지 않아서 선생님의 마음이 어떤지 전해 주는 건 가르치는 사람의 몫이되 그 말을 따르는 건 아이의 마음이니까요.

그렇다고 해서 내가 아무리 가르쳐도 따르지 않으리라 속단하지는 마시고요, 언젠가는 바뀔 거라고 믿고 알려 주세요. 아이 스스로 그 마음이 유발될 때가 분명히 있다는 것을 믿되 내가 이 아이를 가르치는 동안 눈앞에서 펼쳐지지 않을 수 있다고 생각하시면 어떨까 싶습니다.

사람은 어쩔 수 없이 저마다 자기 입장에서 생각을 합니다. 선생님이나 저에게 오후 2시라는 시간은 잠을 충분히 자고도 일어날 수 있는 때이지만, 아이들에게는 아닐 수도 있겠다는 이해가 필요합니다. 공부를 열심히 하든 안 하든, 학교에 학원에 자신을 맞춰 살면서 피곤한 일상을 보내다 보니 토요일 밤 밖에는 자신만의 시간이 없고 주일이 유일하게 늦게 자도 되는 날인 거죠.

아무리 늦게 자더라도 오후 2시가 예배인데 못 일어나서 안 온다는 게 이해되지 않는다면, '놀고 싶어서 쉬고 싶어서 밤을 새웠구나' 생각하세요. '그래도 예배에 나와야 하니 밤은 새우면 안 된다'고 생각하실까요? 맞아요, 그렇죠. 하지만 몰라서 그런 게 아니라 어쩌다 보니 그렇게 된 거예요. 분명히 알고 있는데 잘 지켜지지 않는 거죠. 저희도 해야 하는데 하기 싫은 거, 미루게 되거나 깜박 잊게 되는 거, 진짜 많이 있잖아요. 쉬는 날은 미루게 되는 식사 시간이라든지, 깜박 잊고 오후에야 생각난 아침 큐티라든지, 그런 거요.

그러니 아이 편에서 몇 번이고 생각해 보시고, 그 마음을 헤아리기 위해 노력하면 더욱 좋을 것 같습니다.

수련회 때 휴대폰을 빼앗는 게 좋지 않을까요?

질문에는 자신의 마음이 담길 때가 많습니다. 그렇게 하는 게 좋겠다고 생각하는 분들은 대부분 "그게 좋지 않을까요?" 또는 "그게 좋겠죠?"라고 묻고, 그렇게 하는 것이 좋지 않다고 생각하는 분들은 "그건 안 좋지 않을까요?" 또는 "그러면 안 되죠?"라고 묻습니다. 저는 상담 전공자는 아니어서 '야매 상담사'이지만, 그래도 워낙 질문을 많이 받다 보니 저도 모르게 경험적 통계나 확률이 생기더라고요.

앞에 언급한 내용도 제 경험치에서 나온 통계인데요, 이것이 선생님께도 적용된다면 '휴대폰을 빼앗는 게 좋다'고 생각하시는 거겠죠? 저는 곧바로 선생님의 의견에 반대 의견을 제시하고 싶지는 않아요. 누구나 자신만의 교육철학이 있고, 그걸 제가 굳이 바꿔 놓아야 한다고는 생각지 않거든요.

그래도 제 의견을 듣고 싶으시다면, 저는 휴대폰을 빼앗는 게 좋다고 생각지는 않아요. 우선 저는 '빼앗는다'는 표현 자체에 거부감이 있어요. 어떤 좋은 의도를 갖고 행했더라도 빼앗는다는 것은 일방적인 태도이니까요. '빼앗는' 것 대신 '보관하는' 것이라고 표현하더라도 아이들 생각에는 '빼앗은' 거로 인식될 거예요. 휴대폰 주인이 그렇게 느꼈으니까요.

아이들 앞에서 강의할 때면, "질문하고 싶은데 부끄러워서 못 하면 문자로 해도 돼요"라고 하곤 합니다. 그러면 아이들이 "휴대폰 빼앗겼어요", "저희는 휴대폰 강제로 내야 돼요"라고 답하죠. 선생님들은 보관한다고 생각하지만, 아이들 입장에서는 이유 여하를 막론하고 빼앗긴 거니까요.

그러면 선생님들은 왜 이런 일방적인 행동을 하게 되는 걸까요? 휴대폰을 가지고 있으면, 수업이나 예배에 집중하지 못한다고 생각하기 때문입니다. 그렇다면 우리 어른들은 휴대폰을 가지고 있어도 괜찮을까요? 저는 휴대폰을 가지고 예배를 드립니다. 집중하지 못하고 휴대폰을 보게 될 때도 솔직히 있지요. 하지만 휴대폰과 상관없이 예배에 집중할 때가 훨씬 더 많습니다.

  아이들도 별반 다르지 않아요. 휴대폰을 가지고 있어도 집중할 때가 있고, 아닐 때가 있지요. 그러니 아이들이 휴대폰을 가지고 있으면 당연히 예배에 집중하지 않을 거라고 단정 짓지 마시고, 이렇게 말해 줄 수 있으면 좋겠습니다. "너희가 휴대폰을 가지고 있으면 예배에 집중하지 않을까 봐 걱정이 돼. 하지만 너희의 인격을 존중하지 않는 행위 같아서 강제로 걷지는 않을게. 예배만큼은 집중하려고 노력해 주면 좋겠어."

  이렇게 말했는데도 집중하지 못하는 아이가 보이더라도 다음에는 더 집중하리라 믿어 주세요. 다음 예배 때 "오늘도 집중해 줄 거라고 믿어"라고 말씀해 주셔도 돼요.

  아이들을 믿지 못해서는 아니지만, 그래도 휴대폰은 걷어야 한다고 생각하시거나, 본인은 그렇게 생각하지 않지만 이미 그렇게 방침이 정해졌다면, 목사님, 전도사님, 간사님, 선생님들의 휴대폰도 같이 걷으면 좋겠어요.

  늦게 오는 아이에게 연락해야 해서 갖고 있어야 한다고요? 그러면 아이들에게 이유를 말하고 조금 늦게 내겠다고 양해를 구하시면 돼요. 아이들이나 어른이나 모두 소중한 인격이고 공동체이니 공평해야겠지요?!

아이들이 짧은 영상을 많이 보잖아요. 그래서 교회에서도 짧은 영상 만드는 것에 대해 회의도 하고 직접 제작하기도 해요. 예배나 설교 때도 짧은 영상이 자주 등장하죠. 그런데 저는 이렇게 말씀이 소비되는 것이 한편 걱정이 되거든요. 어떻게 생각하세요?

동감합니다. 아이들과 짧은 영상을 보다 보면 걱정될 때가 많아요. 하나님을 믿으면 고통쯤은 무조건 뛰어넘을 수 있는 것처럼 경쾌한 음악과 함께 캐릭터가 껑충껑충 뛰기도 하고, 기독교라는 종교를 가진 유명인이 나와서 고통을 모두 뛰어넘었다고 말한 부분만 편집되어 있기도 해요. 이런 영상은 참 위험하게 느껴집니다. 특히 아이들에게는요.

그런 영상을 제작하는 것을 이해 못 하는 바는 아니에요. 구조와 환경, 현실이 그렇게 할 수밖에 없도록 흘러가고, 그렇게 만들어야 조금이라도 더 본다는 데이터도 있죠. 그래도요, 하나님을 믿으면 모든 고통이 뽕 하고 없어진다는 서사는 위험

합니다. 하나님을 믿었더니 참아야 하는 모든 것이 참아지고, 아무 문제가 없어졌다는 유명인의 이야기는 문제투성이인 자신의 삶을 허탈하게 만들죠. 그러니 시대에 발맞추어 어쩔 수 없이 메시지를 짧게 편집해 영상에 담더라도 우리의 믿음이 기적만 만들어 내는 신화에 그치지 않도록 좀 더 고민하면 좋겠습니다.

신화에서 제우스는 정의와 질서를 유지하는 역할을 합니다. 헤르메스는 신들 사이에서 메시지를 전달하는 역할을 하고요. 하지만 제가 믿는 하나님은 고통을 그냥 없애 주는 역할, 모든 문제가 뿅 하고 사라지게 하는 역할을 하는 분이 아닙니다. "우리 하나님은 우리의 고통과 문제 가운데 늘 함께하시지만, 우리는 고통을 이길 때도 있고 질 때도 있다. 하나님은 그 어느 순간에도 우리 곁을 떠나지 않으신다. 그것이 바다를 가르는 기적보다 더 큰 기적이다"라는 사실을 우리 아이들에게 말해 줄 수 있으면 좋겠습니다.

그래서 왜 그 영상의 내용과 같이 내 고통은 사라지지 않냐고, 자신이 믿는 하나님과 그 유명인이 믿는 하나님은 다른 하나님이냐고 억울해하는 일이 줄고, 고통 속에서도 함께하시는 하나님이 우리 아이들에게 살아갈 힘이 되면 좋겠습니다.

어떤 행사를 해야 효과가 있을까요? 방송 프로그램을 패러디해서 행사하는 곳도 많고, 옛날에 했던 거 그대로 하는 곳도 많은 것 같던데, 잘 모르겠네요. 뭘 해야 아이들이 좋아할지….

제가 간 곳이 분명 목동이 아닌데, '목동' 영어 학원이라는 간판이 있는 걸 많이 봤습니다. 대치동이 아닌 곳에 '대치' 수학 학원도 많고요. 교회 이름도 유명한 교회, 큰 교회 이름이랑 똑같은 곳이 많더라고요. 제가 보기에 이건 자존감 문제인 것 같아요. 우리 동네, 우리 교회, 우리라는 것에 대한 자존감이 부족해 보여요. 유명하지 않으면 어때요. 그리고 유명하지 않은 게 어디 있나요. 우리도, 우리 교회도 이름이 있잖아요? '유명'(有名)은 '이름이 있다'는 뜻이니까요.

교회 행사는 우리가 함께 즐겁고, 또 새로 오는 사람들이 즐겁기 위해서 하는 거예요. 궁극적으로는 하나님의 사랑을 알리기 위해 행사라는 형식을 빌리는 거죠. 그렇다면 저는 하나님의 사랑을 받은 우리가 무엇보다 자존감이 있었으면 해요. 옛날 걸 하든 지금 걸 하든 방송 프로그램을 패러디하든 우리가 하는 거니까요. 하지만 어떤 형식을 취하든 정성을 다해 준비해야 해요. 그 안에 들어 있어야 하는 진심을 빼놓으면 팥없는 붕어빵이 되니까 형식이 중심이 되어서는 안 되고요.

이 질문을 듣고, 제가 학생 때나 교회학교 교사였을 때 어떤 행사가 가장 재미있었는지 생각해 보았어요. 그런데 **결과물보다는 '과정'이 재미있었던 게 기억에 남는 것 같아요.** 준비하면서 먹고 마시고 웃고 떠들던 기억들이요. 과정이 재밌고 행복했기 때문에 행사가 열렸을 때 성취감과 보람을 느낄 수 있었고요. 시간이 지나서도 그때의 사진들을 보며 당시의 즐거움과 행복을 떠올리곤 했어요. 그리고 **목사님, 전도사님, 간사님, 선생님들이 우리를 위해 얼마나 기도하며 준비하셨는지 느껴지면 게임 끝난 거죠**, 뭐. 뭉클하고 고맙고 재미있고 감동적이고, 그런 감정이 느껴지니 행사가 좋았다, 안 좋았다를 평가할 수 없더라고요. 평가를 넘어 마음이 통했으니까요.

교회에서 연말에 교사 간증을 하는데요, 그걸 들을 때마다 제가 위축돼요. 저는 아이를 변화시키지도 못하고, 간증 거리도 없어요. 교사의 자질이 있는 사람이 따로 있는 것 같아요.

연예인들이 시상식에서 하나님께 영광을 돌릴 때, 정말 멋지긴 한데 아이들이 그걸 보고 오해하더라고요. 상을 타고 유명한 사람이 되어야 하나님께 영광을 돌릴 수 있다고요. 그래서 제가 얘기해 주었어요. 하나님은 너의 존재 자체로 영광받는 분이고, 네가 영광을 돌린다고 말하지 않아도 그 자체로 영광이시라고.

앞에서 간증하는 것, 멋지지요. 저는 간증할 거리가 따로 있다고 생각하지 않아요. 교사를 하고 있는 것, 하나님이 값없이 주신 사랑을 나누고 싶은 그 마음을 실천하는 것, 그 자체로 너무 멋진 간증 아닌가요? 그래도 위축되는 건 이해합니다.

1.
예배와
자세

내가 몸담은 분야에서 멋진 사람을 보면, 나는 저 사람처럼은 못 할 것 같고 저 사람만 자질이 있는 것처럼 보이고.

하지만 교사로서 아이를 양육하는 일은 다른 문제인 듯해요. 한 영혼을 한 사람이 다 키워 내는 건 아니니까요. '열매'로 비유를 해볼게요. 하나의 열매를 맺는 데 바람도 햇빛도 거름도 토양도 모두 필요해요. 그런데 우리 눈에는 그동안의 과정은 잘 안 보이고, 열매와 열매 따는 모습만 보여요. 그러니 열매를 보고 '와, 저 열매를 저 사람이 다 키워 냈구나' 하면 안 되는 거죠. 눈에 보이지 않았지만 바람도 햇빛도 거름도 토양도, 그 열매를 키우는 데 꼭 필요한 역할을 했으니까요.

어떤 영혼에게 선생님은 거름이었을 거예요. 햇빛이었을 수도 있고요. 열매를 딸 때 그곳에 있지 않아서 사람들이 보지 못했지만, 하나님은 아세요. 선생님이 얼마나 따뜻한 햇빛이었고, 얼마나 중요한 거름이었는지를요. 예배 때마다 떠들던 아이가 자라서 예배를 잘 드리는 청년이 되었다면, 떠들던 시절에 함께했던 선생님의 공도 있는 거죠. 그 시절에 받았던 사랑이 그 아이에게 꼭 필요한 토양이 되어 주었으니까요.

이름도 없고 빛도 없는 게 교사의 직분인가 싶지만, 정말 빛나는 이름들을 많이 만날 수 있는 자리잖아요. 보고 믿고 간직한 것을 그 빛나는 이름들에게 잘 전달해 주면 좋겠습니다.

전도하려고 한 아이를 만나고 있어요. 제가 가져야 할 가장 중요한 자세가 뭐라고 생각하세요?

　　청청(聽聽)이요! 그런 말이 있냐고요? 있지요. 제가 만든 말이지만요. 제 책 《교사, 진심이면 돼요》에 이미 쓴 단어예요. 청청(聽聽), 듣고 또 듣는 것!

　상대방의 이야기를 다 듣고 나면 자연스럽게 공감될 때가 있잖아요. 공감을 하려고 듣는 것이 아니라, 그냥 먼저 듣는 거죠. 했던 얘길 또 하면 '얼마나 기뻤으면 또 할까', '얼마나 힘들었으면 또 할까' 생각하면서, 어떤 목적이나 판단 없이 그냥 듣고 듣는 거예요. 다 듣고 나서 공감이 되면 자연스럽게 공감해 주시면 돼요. 물론 공감이 안 되는 경우도 있어요. 그럴 때는 정직하게 말하면 돼요. 미안하다고, 공감하고 싶은데 내가 그런 상황을 겪어 보지 못해서 그런지 공감이 잘 되지 않는다고. 하지만 잘 들었다고, 무슨 마음인지 알겠다고.

   제가 치킨이나 마라탕을 아이들과 함께 먹는 것도 '청청'의 마음이에요. 무엇을 하게 하려고 치킨을 먹이는 것이 아니라, 그냥 함께 치킨을 먹으며 이야기를 듣는 거죠. 교회에 나오게 하려고 치킨을 먹이는 것이 아니라, 같이 치킨을 먹는 그곳이 교회가 되는 거죠. 그러다가 교회에도 함께 다니면 좋지만, 그렇지 못하더라도 말해 주면 돼요. 솔직히 너와 함께 교회에 다니고 싶지만 그렇지 않아도 괜찮다고, 교회에 와야만 소중한 사람이 되는 게 아니라 너의 존재 자체가 소중하다고, 이건 내가 믿는 하나님이 주신 마음이라고 말이에요.
   들어 줘서, 밥을 사 줘서, 그게 사랑으로 느껴져서 '신천지'에 들어간 사람들이 있다고 들었어요. 하지만 그건 사랑이 아니잖아요. 그들의 나눔에는 목적이 분명하잖아요. 목적을 이루기 위해 행하는 건 사랑이 아니라고 생각해요. 사랑은 그냥 사랑이죠.

   그렇다고 전도하지 말라는 말씀이 아니에요. 전도만을 목적으로 사랑하지 않으면 좋겠다는 얘기예요. 마음이 전해져야 몸도 움직일 거예요. 아이들의 팔이 요즘 많이 빠져 있어요. 어른과 그들이 만든 제도가 자꾸 자기 쪽으로 와야 한다고 팔을 잡아당기거든요. 그러니 우리는 스스로 발걸음을 옮길 수 있게 기다리며 '청청'하자고요. 그 선생님이 오라고 해서 교회에 가는 것보다 그 선생님이 다니는 교회니 가고 싶어져서 가는 게 더 진심이고 좋잖아요.

출석부를 적을 때마다 숫자가 신경 쓰여요. 저희 반 출석 인원이 매번 제일 적거든요.

우리 반 출석 인원이 적으면 내가 잘못해서 그런가 싶고, 내가 좋은 교사가 아니어서 안 나오는 것 같고, 신경이 쓰이죠. 하지만 아니에요! 선생님도 최선을 다하고 계시잖아요.

슬픈 현실이지만 교회에 출석하는 아이들 숫자가 어디나 줄고 있어요. 교회에 나와야 할 이유보다 나오지 못한다는 이유가 더 많아진 세상이에요. 그래도 숫자가 신경 쓰일 수밖에 없죠. 저도 그래요. 저는 그럴 때마다 숫자에 대해 생각해 봐요. 하나님은 예배하는 자리에 많은 사람이 모이는 걸 더 기뻐하실지, 적은 숫자가 모이는 걸 더 기뻐하실지 생각해 보죠.

그리고 후자가 정답이라고 여기던 시절이 있었어요. 하지만 지금은 아니에요. 전자나 후자, 둘 다 똑같이 기뻐하실 듯해요. 물론 '전심' 또는 '진심'이어야 한다는 전제가 붙겠지만요. 그렇지만 숫자가 자랑이 되거나 목적이 된다면 얘기는 달라져요. 두세 사람이 모이나, 이십만 명 삼십만 명이 모이나 하나님은 그 숫자만을 보시지는 않을 테니까요. '최대규모'나 '최대인원'이라는 말을 들으면 저는 두드러기가 나려고 합니다. 그것이 목적은 아닐 텐데 왜 그리 중시할까 싶어서요.

싸움을 열심히 하던 녀석들에게 언젠가 물었어요.

"상대편이 엄청 많이 나오면 안 쫄리냐?"

한 녀석이 대답해 주었어요.

"쪽수로 밀면 하나도 안 쫄려요. 진짜 고수는 쪽수로 승부하지 않거든요."

제가 고수가 되기는 어렵겠지만, 혹시라도 고수가 된다면 '진짜'가 되고 싶어요. "참 많이 모였네! 됐다"라고 말하는 게 아니라, "이제 우리, 같은 마음이네. 됐다"라고 말하고 싶어요. 그리고 더욱 같은 마음이 되었으면 하는 사람들이 있다면, 휭 하고 가서 한 번만 만나지는 않을 것 같아요. 한 명이 있든 백 명이 모이든 계속 가서 만나겠죠. 꽃을 심으려면 많은 양의 물을 여기저기 한꺼번에 붓기보다 꽃씨를 심을 땅에 한 줄기 물을 부어 씨를 넣을 홈을 파야 하잖아요. 바위를 뚫는 낙숫물은 그 양이 아니라 횟수, 그 꾸준함에 힘이 있음을 아실 거예요.

저는 요즘 다시 숫자에 대해 생각해요. 계속 고민하게 되지 않을까 싶어요. 사람들이 많이 모인 곳에 가면 강의하기가 훨씬 수월하더라고요. "작가님 강의가 있다니까 많이들 오셨어요"라는 말을 들으면 왠지 기분이 좋아요. 어깨도 으쓱하고 뭐가 된 것 같지요. 하지만 모인 분들의 숫자가 제게 감동을 준 적은 없어요. 감동은 강의 후에 다가오는 한 사람, 내가 왜 이 강의를 했는지 알게 해주는 한 영혼에게서 받게 돼요.

많음과 적음, 그 차이를 두고 뭐라 하고 싶지는 않아요. 그저 숫자에 집중할수록 잃게 되는 것이 있지 않은지, 그것이 정말 잃으면 안 되는 것은 아닌지, 많고 큰 것에도 하나님이 함께하시고 적고 작은 것에도 하나님이 함께하신다면, 적어도 많고 큰 것에 중점을 둘 필요는 없지 않나…, 이렇게 결론도 나지 않는 문제를 놓고 많이 생각하게 돼요. 그러다 보면 자연스레 오늘도 한 사람을 찾고 계신 하나님을 떠올리게 되지요. 현문우답이지만 도움이 되셨으면 좋겠습니다.

같은 동네에 살거나 같은 학교에 다니는 아이들이 교회로 오니 '끼리' 문제가 생기는 경우가 있네요. 학교폭력 가해자도 피해자도 저희 교회에 출석하거든요. 이런 경우 어떻게 해야 할까요?

 이런 질문이 꽤 많은 현실이 참 밉네요.

학교폭력위원회로 회부된 경우라도, 아이들끼리 화해 가능한 사건이 많이 있어요. 아이들은 화해하고 싶었는데 어른들의 원칙에 따라 행정절차로 바로 넘어가는 경우도 꽤 있거든요. 그러니 사태를 파악하는 게 먼저예요. 둘이 화해하면 될 정도의 사안이라면 정말 둘이 잘 화해하고 이제 괜찮은지 각각 따로 만나서 확인하셔야 하고요.

정말 심각한 학교폭력이 일어나 가해자와 피해자로 나누어야 할 상황이라면 분리 조치 하셔야 해요. 가슴 아프지만 둘 중 한 명은 다른 교회로 가라고 권해야 하고요. 보호자와 학생과 잘 의논하고 협의할 수밖에 없죠.

하지만 교회에서 뭔가 조치를 하기 전에 한 명이 교회에 나오지 않기도 해요. 피해자가 그런 선택을 하는 경우가 많아 마음이 아프지만 어쩔 수 없죠. 매주 가해자를 보게 할 수는 없으니까요.

이럴 경우, 선생님이 계속 연락을 해주시면 좋겠어요. 먼저 교회를 떠났든 어쩔 수 없이 분리 조치를 했든, 교회에 나오지 않게 된 아이에게 말이에요. 교회에 나오라고 연락하는 것이 아니라 잘 지내는지 밥은 먹었는지, 관심을 갖고 사랑의 끈을 놓지 않았다는 걸 알려 주셔야 해요. 가해자에게 또한 낙인을 찍지 말고, 사랑과 관심을 계속 보여 주시고요.

보호자도 같이 교회에 다니는 경우가 많아서 아이들이 화해를 해도 보호자끼리 이미 적이 되어 미워하는 경우도 많이 봤어요. 가능하면 소문이 나지 않게, 아이들의 이런 과정이 영원한 결과로 보이거나 낙인찍히지 않게, 선생님들이 지혜롭게 대처하면 좋겠어요.

그리고 이런 큰일이 일어나기 전에 아이들도 어른들도 예방 교육을 받으면 좋겠어요. 학교폭력 문제 등이 교회에서 일어나면 신앙생활도 위험해지니까요. 교회에서 이런 문제에 대해 교육을 해서 예방할 수 있기를 권합니다.

교회학교 아이들의 숫자가 많이 줄어서 걱정이에요. 그래도 교사는 더 필요하다고들 하는데 어떻게 생각하세요?

비단 선생님 교회만의 고민은 아닌 것 같아요. 어디를 가든 숫자가 준다고 걱정하세요. 그런데 생각해 보세요. 그 걱정은 이미 오래전에도 많이 했잖아요. 숫자가 준 것이 어제오늘 일은 아니거든요. 그러니 걱정은 그만하자고요. 오히려 이것이 더 좋은 기회로 보이지 않나요? 한 아이를 더 깊이 사랑할 수 있잖아요. 한 아이만 와도 환대해 줄 수 있잖아요. 한 영혼이 천하보다 귀하다는 걸 알려 줄 수 있잖아요.

게다가 저는 너무 기대되는데요. 한 영혼 한 영혼 오다 보면 이 빈자리가 채워질 테니까요. 그 일을 위해 선생님들이 많이 기도하실 거고, 그 기도를 먹고 한 영혼 한 영혼이 잘 자랄 테니까요. 정말 설레지 않아요? 그러니 우리 같이 설레면서 우리가 할 수 있는 사랑을 해요.

애들이 많아도 반 아이들에게 집중하고 사랑해 주시는 분들인 만큼 애들이 적어도 그렇게 사랑해 주시면 되어요. 어차피 사랑은 숫자로 승부를 내는 게 아니니까요.

아, 그리고 교사가 많이 필요하다는 말에 전적으로 동의해요. 준비하고 있어야죠, 아이들이 점점 늘어날 거란 희망을 품고요. 아이들이 막상 교회에 왔는데 교사가 없으면 안 되잖아요. 아이들이 적어도 교사가 많다면, 한 아이를 더 깊이, 한 영혼을 더 많이 사랑해 줄 수 있겠지요. 아이들 숫자가 많을 때 잘 지도하는 선생님도 물론 좋은 선생님이지만, 숫자와 관계없이 한 영혼 한 영혼을 진심으로 사랑하는 선생님은 더 좋은 선생님이라고 생각해요.

한 반에 아이들이 너무 많으면 마음처럼 깊이 사랑하기가 솔직히 쉽지 않잖아요. 그러니 **한 영혼 한 영혼을 천하보다 귀히 여기며 사랑해 주세요.** 아이들이 곧 늘어나면 그렇게 하고 싶어도 체력이 부족할 수 있으니까요.

한국 교회가 무너졌다는 이야기를 많이 들어요. 마음만 급해지네요. 교사로서 무엇을 할 수 있을까요?

가족마다 분위기가 있어요. 긍정의 분위기가 물씬 나는 가족이 있고, 불만과 어둠의 그림자로 둘러싸인 가족도 있지요. 현재 이러저러한 문제가 있다는 걸 알려 드리면 지금부터 천천히 함께 잘 노력하면 되지 않겠냐는 가족이 있고, 하늘이 무너진 것처럼 아무것도 할 수 없다는 가족이 있어요. 살림이 어려워져 전세에서 작은 집 월세로 옮기게 될 때, "이 집에서 마지막으로 함께 하는 식사이니 즐겁게 먹자"라며 삼겹살 파티를 하는 가족이 있는 데 반해 세상 무너진 것처럼 절망하며 아무것도 못 먹는 가족도 있지요.

어느 쪽이 옳다고 말할 수는 없지만 저는 우리의 모습이 전자였으면 좋겠어요. 지금부터 더욱 함께 잘 노력하자며, 힘이 나게 같이 고기를 구워 먹으면서 "그래도 이렇게 함께이니 얼마나 다행이냐"고 서로를 위로하는 가족이요. 그렇다고 해서 현재의 가정 형편을 인지하지 못하는 것은 아니잖아요. 지금 사는 집보다 훨씬 좁을 것이고 매달 월세 때문에 형편이 쪼들릴 것도 정확히 인지하고 있지만, 주저앉아 있을 수만은 없죠. 물론 열심히 기도하더라도 기도'만' 하고 있을 수는 없는 노릇이죠. 같이 움직이고, 할 수 있는 걸 찾아 함께 해나가야죠. 한 번에 나아지지는 않겠지만 조금씩 좋아지겠죠.

저도 마음이 엄청 급해질 때가 많아요. 죽음까지 생각하는 아이들이 점점 늘고, 빨리 움직여야 한 명이라도 더 살릴 수 있을 것 같아 분주해져요. '빨리'를 좋아하지 않는 사람인데도 그래요. 저는 '빨리'가 이룬 것들이 있다는 걸 부인하지 않지만, '빨리'가 잃은 것들이 더 많다고 생각하거든요. 하지만 어쩌다 보니 '빨리'가 간절한 삶이 된 거죠. 조금 더 빨리 만났다면, 빨리 구할 수 있었다면, 빨리 알았다면, 빨리 들었다면, 빨리 도왔다면, 빨리 달려갔다면…, '살릴 수 있지 않았을까' 하는 일이 점점 늘어나기 때문이에요.

하지만 곧 깨달아요. '빨리'가 간절해지는 모든 일은 후회잖아요. 그날로 다시 돌아간다 해도 빨라지지 않았을, 어쩌면 빨랐다고 해도 결과를 되돌릴 수 없었을 일들이죠. 그 깨달음이, 급해서 빨리 뛰어가던 마음을 다시 잡아 제자리로 돌려놓아요. 그제야 숨을 고르는 마음에게 '서둘러서 되는 일은 없다'고 다독이며 심호흡을 하고, 다시, 걸어가요. 선생님들도 그렇게 같이 걸으면 좋겠어요. 급해지는 마음을 공감하고 공유하며, 하지만 모든 것을 되돌릴 수 없음을 인지하면서요.

교사로서 할 수 있는 일은 여전히 아이들을 사랑하고, 하나님의 마음을 전달하는 것이죠. 그리고 성도로서 우리가 할 수 있는 일은, 한국 교회가 무너졌다고 생각하게 할 만한 행동을 하는 사람들과는 다른, 먼저 그의 나라와 그의 의를 구하는 성도가 더 많다는 걸 보여 주는 일이겠죠.

일부의 어른에게 실망한 아이들에게 그런 부류가 생각보다 적다는 것을 알려 주고 싶어요. 급히 가는 마음을 내 몸이 있는 위치로 돌려놓고, 우리가 움직일 수 있을 만큼만 속도를 내면서요.

2. 관계와 소통

써나쌤 story

저는 '성경 태교 동화'로 작가 데뷔를 했어요. 소설이 전공인데, 학교 다닐 때 수업도 듣지 않은 '동화'로 데뷔했죠. 인생은 그렇게 예상치 못한 일이 예상하지 않은 때에 만들어지잖아요. 어쩌다 '성경 태교 동화'를 쓰게 되었고, 출간하기도 전에 '헬로 베이비 태교학교'를 만들었죠. 태교학교 팀장으로서 산모들을 위로하며, 가뭄에 콩 나듯 요청이 오는 원고를 쓰며 지냈어요.

그런데 제 삶에 기쁨이 없는 거예요. 좋은 일도 하고 글도 쓰고 있고, 가난하긴 했지만 행복한 가정도 꾸리고 있는데 왜 그렇게 우울하기만 하던지. 산후 우울증의 여파가 아닌가 싶고, 뭔가 풀리지 않는 마음이었어요. 소설을 쓰지 못하는 데서 오는 자괴감인지, 아니면 친정아버지와 시아버지 모두 알코올 의존증이어서 그런 건지 이런저런 추측을 해보아도 명확한 이유를 알 수 없었죠. '도대체 왜 이럴까' 혼자서 고민하다가 놀이터에 가게 되었어요. 바람을 쐬고 싶은데, 돈도 없고 차도 없고, 그때는 그 흔한 카페도 없었으니 갈 데라고는 놀이터밖에 없었거든요.

그런데 제가 놀이터에 갈 때마다 그곳에 청소년 세 명이 왔어요. 그 녀석들에겐 그곳이 흡연구역이었거든요. 저는 벤치에 앉아 있었고, 녀석들은 건너편에 쭈그려 앉아 목적을 달성하고 있었죠. 그때만 해도 그들과 얘기를 나눌 생각은 없었어요. 태교학교 팀장과 영아부 교사는 하고 있었지만, 고등부 교사를 한 지 오래되어서 말이 안 통할 거라고 생각했거든요. 그들이 주고받는 말은 은어가 많이 섞여 있어서 대화가 어려울 것 같았고요.

그런데 열 번쯤 봤을 때 저도 모르게 말을 걸게 되었어요. 놀이터에 올 때마다 똑같은 이야기가 들렸거든요. "아, 배고파!" 그 말을 몇 번이나 반복하는 걸 듣고는 김밥이라도 사줄까 싶어 물었죠.

"너희 배고파?"

"치킨이라도 사 주시려고요?"

그 대답이 웃겨서 치킨 정도는 사 줄 수 있다고 말했고, 주문을 해서 그 놀이터에서 함께 치킨을 먹었죠. 치킨 먹으며 얘기를 나누다가 점점 친해졌고, 교회에 같이 가게 되었어요. 녀석들에게 '비전이 없다'고 말하는 어른을 보고 '비전반'이라는 이름을 지었지요. 어른들은 이 아이들의 비전을 보지 못해 비전이 없다고 말할 수 있지만, 하나님은 이 아이들의 비전을 보신다는 의미로 지은 이름이에요.

그런데 하나님은 비전'반'의 비전도 보셨던 걸까요? 저는 고등부 안에 비전반을 만들었는데, 거기서 그치지 않고 비전반의 지경이 점점 넓어졌어요. 이제 물리적 거리와 상관없이 전국의 아이들을 온라인과 오프라인으로, 심지어 해외의 아이들도 온라인으로 만나는 '비전반'이 되었죠.

비전반을 만든 지 벌써 15년이 지났네요. 저는 지금 '청소년과 밥 먹는 사람'이라는 활동명을 가지고, 청소년 활동가로 아이들을 만나고 있어요. 청소년 활동가라고 하면 중고등학생만 만난다고 생각하는 분들이 많은데, 청소년기본법에서 청소년 나이를 '9세 이상 24세 이하'로 규정하고 있기 때문에 그 사이 친구들을 골고루 만나고 있습니다.

공감하고 마음을 알아주어도 교사와 학생 관계는 1년이면 끝나요. 이제야 마음을 연 아이를 다른 반으로 보내기가 너무 아까워요.

맞아요! 그렇죠! 이제야 친해져 말이 통하는데 청년부로 보내야 한다고, 고등부 선생님들이 아쉬워하는 소리를 저도 많이 들었어요. 저 역시 중고등부 교사를 할 때 그런 마음이 들기도 했고요. 그래서 저는 그 마음이 아주 당연하고 자연스럽다고 생각해요. 그러니 잘 느끼시고 잘 지나가게 두세요. 아무리 좋은 감정이라도 그걸 붙잡고 그것만 바라보고 있으면 긍정적인 감정이 아니거든요. 잘 느끼고 누리다가 잘 보내주어 추억이 되는 것, 그게 진짜 좋은 감정이니까요.

그리고 우린 알고 있잖아요. 우리나 아이들이나 하나님의 큰 퍼즐 안에 있다는 것을. 우리에게 맡겨진 시간 동안 퍼즐

조각을 성실히 제 위치에 놓았다면, 그 시간 뒤에는 다음 주자에게 맡겨야 한다는 것을. 이어서 아이를 맡을 선생님이, 소그룹 리더가, 목사님이, 전도사님이 또 퍼즐 조각을 제 위치에 놓을 테니까요. 그 사실을 믿고 보내 주어야지요.

아이는 선생님과 누린 '내적 친밀감'을 좋은 추억으로 간직할 거예요. 그 사랑을 잊지 않을 거고요. 마음이 힘든 어느 날 꺼내 보고 웃을 수 있을 거예요. 그거면 됐죠, 뭐.

그리고 '교회학교 담임 임기를 꼭 1년으로 해야 하나' 고민을 해보시면 좋겠어요. 이미 2년제로 하는 교회들을 보기도 했거든요. 1년은 정말 너무 짧아요. 제가 아이들을 만나 봐도, 1년은 마음을 열기에 짧은 시간이에요. 그래서 최소한 2년은 한 선생님이 같은 아이들을 만날 수 있으면 좋겠다는 생각을 자주 해요. 하지만 이 부분은 교사가 정할 수 있는 게 아니니, 교육부서에서 잘 논의해 보면 좋겠습니다.

공지를 하기 위해 단톡방을 만들었어요. 그런데 그냥 나가는 아이도 있고 답을 계속 안 하는 아이도 있네요. 왜 그럴까요?

카카오톡 기능 중에 '채팅방 조용히 나가기'가 있는 거 아세요? 제가 단톡방에서 나가도 "선화 님이 나갔습니다"라는 메시지가 뜨지 않는 거죠. 단톡방을 숨기는 기능도 있어요. 알림 없이 대화를 보관하고, 배지(숫자)도 사라지고, 채팅 목록에서도 감출 수 있어요. 이런 기능이 왜 생겼을까요? 피곤한 거예요. 단톡방이 너무 많고, 원하지 않는 알림도 있으니까요.

아이들도 그럴 거예요. 피곤하죠. 굳이 나갈 필요는 없지 않냐고 생각하실 수 있겠지만, 저는 읽지 않을 거면 나가는 게 낫다고 생각하는 스타일이라 이해가 되긴 해요.

답을 계속 안 하는 것도 그래요. 읽기는 해도 딱히 할 말이 없거나 말할 타이밍이 지났거나 하면 답을 안 하게 되죠.

   그리고 단톡방이라는 게 일방적일 때가 많잖아요. 그저 한 모임에 속했다는 이유로, 원하지도 않는데 초대되는 거죠. 그 자체가 불편할 수 있어요. 그러니까 물어보시면 좋겠어요. 이러저러해서 단톡방을 만들려고 하는데 괜찮냐고. 괜찮다고 하면 만들어서 초대하시고, 싫다고 하면 그 아이에게는 개인적으로 메시지를 전해 주세요. 괜찮다고 한 아이들에게도 딱히 답할 말이 없거나 바쁠 때는 답을 안 해도 된다고 말해 주시고요.

교사는 공감이 중요하다는데, 영아에겐 어떻게 공감을 해줘야 하죠?

 영아부 선생님은 먼저 영아의 '보호자'와 공감하는 일이 중요해요.

물론 영아에게도 공감을 표현할 수 있죠. 간식을 주면서 "오구오구, 맛있어?", 어디에 부딪혔다면 "아이구, 얼마나 아플까? 많이 아팠어요?" 하면서 말이에요. 그런 반응도 아주 중요해요. 그런데 영아부 교사는 영아부 보호자를 직접 자주 만나잖아요. 그 보호자의 마음에 공감해 주는 것이 참 중요한 것 같아요.

청소년 때부터 만나 온 한 청년, 지금은 한 아이의 엄마가 된 녀석의 이야기를 해드릴게요. 그 녀석은 이십 대 중반에 결혼했어요. 결혼할 때는 참 좋았대요. 많은 축하를 받고, 부러움도 받고…. 그런데 아기를 낳고 나니, 자신이 제일 초라해 보이더래요. 친구들은 예쁘게 화장하고 잘 차려입고 교회에 가는데, 자기만 아닌 것 같은 거죠. 무슨 옷을 입어도 포대기가 패션의 완성이 되어 버리잖아요!

그래서 어느 날, 아기 낳기 전에 입었던 옷을 꺼내 입어 봤대요. 꽉 끼긴 했지만 그래도 맞더래요. 오랜만에 주일에 입고 갈 옷도 고르고, 고데기로 머리도 말고, 정말 설레면서 자신을 꾸몄는데 문제가 생겼어요. 예배 시간에 늦은 거예요! 아기를 영아부실에 데려다주고 자신은 어른 예배에 가야 하는데, 이미 어른 예배가 시작된 뒤에 영아부실에 도착한 거죠. 갑자기 겁이 났대요. 아이를 맡아 주는 영아부 선생님이 자신이 어릴 때부터 교사를 해오신 권사님이신데, 성격이 칼 같아서 예배 시간에 늦거나 규칙을 지키지 않으면 따끔하게 혼내는 분이라서요. 그래서 다른 선생님께 얼른 아기를 맡기고 나오려던 찰나, 그 권사님께 딱 걸린 거예요. 어떻게 하겠어요, 아기 핑계를 댔죠. 집을 나서는데 아기가 큰일을 봐서 기저귀 갈고 나오느라 늦었다고요. 이 정도면 이해해 주시겠지 했는데, 권사님 왈.

"아기 엄마가 무슨 머리를 그렇게 하고 화장을 하고 오니? 머리카락이 애 입에 들어가면 어쩌려고 그래? 다음 주부터는 머리 하나로 묶고 일찍 와. 늦지 말고!"

눈물이 핑 돌았대요. 예배 시간에 늦은 건 잘못이지만, "아기 낳고도 어쩌면 이렇게 아가씨 같니?", "널 보고 누가 여전도회 회원이라고 하겠니? 아직도 청년부 같네" 같은 말 한마디를 듣고 싶어서 꾸미고 간 건데, 그것이 그렇게 잘못이냐면서 울더라고요. 예배당에 들어가서도 내내 울었대요. 예배 마치고 목사님과 인사를 나누는데 매우 흡족해하시는 모습이, 자기가 설교에 은혜받아서 운 것으로 오해하시는 듯하다면서, 그렇다면 그날 일이 목사님께는 좋은 일이었겠다고 농담을 던지며 울다가 웃다가 하더라고요.

다음 주일, 녀석은 일찍 교회에 갔대요. 하지만 그 권사님을 보면 억울한 마음이 치밀어 올라 눈물이 날 것 같아서, 권사님이 주방으로 들어가시는 걸 확인한 다음에야 영아부실에 아기를 맡기고 얼른 나왔답니다. 마음이 괜찮아질 때까지 몇 주 동안 그랬대요.

그 녀석이 정말 듣고 싶었던 말은 무엇이었을까요? "예배에 늦어도 괜찮아"일까요? 아닐 거예요. 예배에 늦으면 안 된다는 걸 알고 있는 녀석이거든요. 왜 모르겠어요. 정해진 시간이 있고, 그걸 지켜야 한다는 건 다 아는 사실이잖아요. 그날 그 친구에게 필요한 건 '공감', 그렇게 예쁘게 꾸미고 오고 싶었을 마음을 헤아려 주는 거였죠.

    공감 먼저 하고 나서 가르쳐 주시는 건 괜찮아요. "아이구, 오늘따라 더 예쁘네. 너는 어쩜 아기 엄마 같지가 않다. 아기 얼른 주고 예배 잘 다녀와. 다음 주에는 5분만 일찍 오면 더 좋겠고." 이렇게 말해 주면 어떨까요? 일찍 와야 한다는 걸 분명히 전했지만, 그보다 먼저 공감받고 싶은 마음을 알아주었잖아요. 공감해 달라는 건, 가르치지 말라는 얘기가 아니에요. 누구나 자신의 마음을 알아주는 사람의 가르침은 받고 싶어 해요. 하지만 마음도 몰라주고 가르치기만 하는 사람의 말은 듣고 싶어 하지 않지요.

    예전에도 아기 키우는 건 힘든 일이었지만, 지금도 힘들어요. 지금이기 때문에 더 힘들기도 하지요. 예전에는 없었던 질병이나 바이러스도 많고, 육아용품은 뭐 그리 좋은 게 다양하게 나오는지 몰라요. SNS를 들여다보면 다들 육아를 잘하는데 나만 못하는 것 같은 생각도 들고요. 여기저기 비교되는 경우가 많으니 나만 못난 부모가 된 듯한 일이 잦아요. 일하는 엄마는 아이에게 최선을 다하지 못해 미안하고, 일하러 나가지 못하는 엄마는 경력이 단절될까 봐 고민이죠.

교회가 아무리 사랑의 공동체라고 해도 이런 문제를 해결해 줄 수는 없어요. 그래서 공감이 더 필요하고요. 얼마나 힘들까, 얼마나 애쓸까, 그 마음을 가지고 영아부 보호자들의 마음에 먼저 공감해 주세요. 그러면 보호자들의 마음이 좋아지고, 힘든 육아기를 견딜 힘이 생기고, 주일에 선생님 만날 일이 설레고 기다려질 거예요. 그건 결국 우리 영아부 아기들에게 좋은 일이 되잖아요.

교회에 잘 나오는 아이들도 심방해야 하나요?

 네네! 그럼요!

제가 고등부 교사를 할 때 학년이 따로 없는 '비전반'을 만들었어요. 그것이 제 청소년 사역의 시작이었죠. 학교에 안 다니는 아이들과 친해져서 교회에 데리고 왔더니, '고등부'라고 적힌 팻말을 보고는 "고등학교 안 다니는 애들은 못 오나요?" 묻더라고요. 그런 건 아니라고 했지만, 학년으로 반이 나뉘어 있다 보니 "에이, 맞잖아요. 학년이 없으면 반이 없잖아요" 해요. 그래서 학년이 없어도 올 수 있게 무학년제 반을 만든 거예요. 하나님이 아이들의 비전을 보는 반이라는 뜻으로 '비전반'이라고 이름을 지었고요. 비전반을 운영하면서 이런저런 고민이 생겼고, 그때마다 교육부 담당 목사님과 의논을 많이 했어요.

　한번은 이런 고민이 생겼어요. '아이들이 나하고는 친해도 또래 아이들과 잘 섞이질 못하는데 어떻게 해야 할까?' 그래서 목사님과 의논을 하다가 또래 리더를 세우기로 했어요. 교사가 있지만 새로 오는 아이들을 섬기고 친해질 리더들을 따로 세운 거죠. 그 친구들은 우리 반 학생이면서 학생들의 리더였죠. 교회 나오라는 연락도 그 친구들이 먼저 하고, 저와 함께 아이들을 배려하고 챙기고 환대했죠. 점점 친해져 나중에 그 아이들이 청년부로 올라갈 때도 같은 소그룹 안에 있을 수 있게 했고요.

　그런데 그러고 나니 제가 고민을 하게 되는 거예요. 리더들은 이미 어릴 때부터 교회에 거의 빠진 적도 없이 다녔고 제자훈련도 받은 모범생들이었거든요. 보조교사 비슷한 역할도 하고 있어서, 이 아이들을 새로 온 녀석들과 똑같이 대하고 심방도 하고 챙겨야 할지, 아니면 새로 온 아이들만 챙겨야 할지 헷갈리더라고요.

　고민 끝에 리더나 새로 온 아이들이나 똑같이 심방하기로 하고, 리더들에게 알렸어요. 그랬더니 한 녀석이 자신은 심방을 처음 받았다고 하더라고요. 그렇게 오랫동안 교회에 나왔는데 심방을 처음 받았다고 하니 의아했어요. 선생님들이 잘 안 나오는 아이들만 챙기고, 자기는 잘 나오니까 오히려 심방을 안 해도 된다고 생각하시는 것 같았다고 하더라고요. 자기도 관심받고 싶고 선생님과 이야기 나누고 싶었는데, 그럴 기회가 없어 속상했다고 했어요.

그 녀석뿐 아니라 다른 리더들도 심방받는 걸 아주 좋아하더군요. 그때 알았어요, 내게 주신 영혼이 잘하든 못하든 똑같이 사랑해야 한다는 것을. 잘하는 아이라고 해서 사랑이 필요하지 않은 건 아니니까요.

새로 온 아이가 좀 특이해요. 그런 아이는 처음 보는데, 어떻게 대해야 할지 모르겠어요.

"그런 아이는 처음 보았어요"라는 말을 종종 들어요. '그런 아이'는 그간 경험해 보지 못한 아이라는 뜻이겠죠. 그럴 수 있지요. 특히 모범적으로 신앙생활을 하고, 별다른 문제를 일으킨 적이 없는 분들은 더더욱 '그런 아이'를 볼 일이 없습니다.

그런데요, 보지 못했던 것이지 없었던 것은 아니에요. 인간이 살아가면서 보는 것이란 애초에 지극히 한정되어 있잖아요. 게다가 살다 보면 직접 보는 것이 점점 더 줄어들지 않나요? 점점 만나고 싶은 사람만 만나고, 읽고 싶은 책만 읽고, 얘기하고 싶은 것만 얘기하잖아요. 체력도 약해지니 쓸데없는 에너지 낭비하고 싶지 않고, 불필요한 감정을 발산하기도 싫으니까요. 그러니 보는 것이 줄어들 수밖에요. 이것은 곧 '그런 아이'를 볼 기회도 줄었다는 얘기지요. 당연한 일이고, 마땅한 일이에요.

하지만 본 적이 없다는 이유로 존재를 부정한다면 그건 잘못된 생각이죠. 그런 아이를 처음 보았다는 건 그런 아이가 없었던 것이 아니라 시선 밖에 있다가 시선 안으로 들어왔다는 거예요. 그렇다면 시선 안으로 들어온 이유가 있겠죠. 이제는 모른 척할 수 없을 만큼 많아졌거나, 그들이 평범의 범주에 들어왔거나, 이미 이웃이거나, 우리가 꼭 품어야 하거나.

그러니 생각해 보면 좋겠어요. '내가 그런 아이라고 범주를 정해 놓고 생각하는 것은 아닐까. 그런 아이가 아닌, 그냥 아이가 아닐까' 하고요. 그리고 굳이 그 아이를 나에게 보내 주신 이유를 묵상해 보면 좋겠습니다. 부족한 제가 보기에는요, 선생님이 꼭 품어 주셔야 하는 아이여서 보내신 게 아닌가 싶네요. 그런 아이는 그냥 아이로, 나에게 온 선물로 생각해 줄 어른이 정말 필요하거든요.

아이가 교회에 올 때마다 너무 피곤해 보이는데, 왜 그런지 물어봐도 될까요? 그런 질문은 조심해야 할까요?

아니요, 물어보세요. 선생님 혼자 짐작하거나 판단하지 마시고요. 왜 그런지 물어보는 건 정말 중요해요.

어느 학교에 술 냄새가 많이 나는 아이가 있었대요. 다들 그 아이가 술을 마셔서 냄새가 난다고 생각했는데, 한 선생님이 그게 아닐 수도 있다는 생각이 들어 물었어요. 아이가 말하기를, 집안 형편이 어려워 새벽 4시까지 고깃집에서 아르바이트를 하는데 잠깐 눈 붙이다가 바로 학교에 올 때가 많아서 냄새가 남아 있는 것 같다고 했대요.

제가 중학교나 고등학교에 가끔 교사 연수 강의를 하러 가요. 지금 청소년들의 상황과 마음을 전해 달라는 요청을 해오시거든요. 연수에 가서 선생님들께 자주 드리는 말씀이 있어요. "선생님들은 베테랑이시라 딱 보면 아이들이 왜 그러는지 아실 수 있어요. 하지만 누구나 백 번 중에 한 번은 틀릴 수 있고, 그 한 번의 판단이 아이의 인생을 송두리째 흔들 수도 있어요. 그래서 부탁드려요. 판단하기 전에 '우리가 모르는 이유가 있을지도 모른다'고 생각해 주세요. 그리고 아이에게 왜 그런지 물어봐 주세요."

    그 말을 처음 전할 즈음, 저는 매일 싸움을 하는 녀석을 만나고 있었어요. 그 녀석에게 물었죠. "왜 그랬어?" 이유를 듣고 나니 참 속이 상하더라고요. "왜 그걸 여태 말 안 했어? 말했어야지. 그래야 네가 덜 억울하지. 그래야 이렇게 오해받지 않지. 그래야 네 마음이 덜 아프지." 제 원망을 듣고 나서 그 녀석이 딱 한마디했어요. "아무도 물어보지 않았어요!"

    심장이 저리더군요. 그 이후에도 그런 말을 가끔 들었어요. 아무도 물어보지 않아 그냥 그런 아이가 되어 있는 녀석들을 꽤 만났거든요. 그러니 물어봐 주세요! 그 대신에 걱정되는 마음과 존중을 담아서요. 걱정되어서 그러는데 말해 줄 수 있냐고, 답하기 어려우면 말하지 않아도 된다고 하시면 돼요.

아이들과 좋은 관계를 형성하기 위해 공감대를 넓히고 싶은데, 아이들이 좋아하는 게 각양각색이에요.

그렇죠. 아이들은 '개취'(개인의 취향)가 있죠. 어쩌면 그렇게 다 다를까요. 아이들을 보고 있으면 정말 한 명 한 명 소중하게 빚으셨구나 싶다니까요.

예전에는 아이들과 관계를 형성하려면 좋아하는 가수 이름 몇 명 외우면 됐는데, 지금은 아이돌이 왜 그리 많나 몰라요. 젝스키스, HOT, 핑클, SES, 이 정도만 있으면 얼마나 좋겠어요. 그런데 요즘은 현재 활동하는 아이돌 이름만 불러도 하루 다 가겠다니까요. 게다가 아이돌을 좋아하지 않는 친구들도 많고요. 정말 개취죠!

제가 민지라는 아이를 만났는데, 뭘 좋아하냐고 물으니 아이돌을 좋아한다고 하더라고요. 그래서 누구를 좋아하냐니까 '뉴진스'라고 해서, 다음 만날 때는 뉴진스와 관련된 영상을 몇 개 보고 갔더니 할 얘기가 많아졌어요. 그리고 이번에는 수정이를 만나서 물었죠.

"수정아, 아이돌 좋아해?"

"아뇨."

"그럼 누구 좋아해?"

"저요, 손흥민이요."

"아, 축구 좋아하는구나."

"아니요. 손흥민요."

그래서 손흥민 나온 영상이랑 사진이랑 최근 기사를 찾아보고 만났어요.

다음엔 선영이를 만났어요.

"선영아, 너 아이돌 좋아해?"

"아니요."

"그럼 운동 좋아해? 아니면 운동선수?"

"아니요."

"그럼 넌 뭐 좋아해?"

"BTS요."

"어? 너 아이돌 안 좋아한다며?"

"BTS는 아이돌이 아니에요. '신'이에요!"

엄청나게 웃었어요. 아이들은 정말 다 달라요. 그러니까 아이들이 좋아하는 걸 전부 알려고 하지 말고, 좋아하는 게 뭔지 물어봐서 한 가지만 기억하시면 돼요.

민지가 좋아하는 유튜브 채널 하나 알게 되면 그 채널에 최근 업로드된 영상 하나만 보고 얘기하는 거예요. "선생님도 그거 봤다. 되게 웃기더라" 하면서요. 민경이가 어떤 아이돌을 좋아하면, 그들의 신곡 하나 정도 듣고 가서 만나는 거예요. "선생님도 그 가사는 좋더라" 하면서요. 물어보는 건 관심이잖아요. 1년을 만나 교제해 온 어떤 녀석이 이제야 "쌤 이름 뭐랬죠?" 하는데, 감동했어요. 저에게 관심이 생긴 거잖아요.

그러니 관심을 질문으로 표현해 주시고, 아이가 답한 것 가운데 하나 정도는 공부해서 만나는 거예요. 그 하나가 '최애'이면 더 좋겠지요. 아! '최애'는 최고로 사랑하는 걸 말해요. 아이들의 최애는 아이돌 멤버가 될 수도 있고, 배우가 될 수도 있고, 유튜브 채널이 될 수도 있고, 선생님이 될 수도 있으니, 우리도 사랑받을 수 있다고 믿으며 먼저 다가가 보자고요.

아이들에게 좋은 말만 해주고 싶지만, 아이들의 행동을 보면 좋을 말을 할 수 없을 때가 있잖아요. 그래도 가르치거나 조언하면 안 되나요?

 '공감'과 '포용'을 말하면 꼭 나오는 질문이 있어요.

"공감하고 포용하기만 해야 한다면 조언은 해서는 안 되나요?"

"바로잡아 줄 말을 하면 안 되는 건가요?"

그럼 저는 이렇게 대답합니다. "돼요. 제가 《교사, 진심이면 돼요》라는 책에 이렇게 썼어요. '아이들은 좋은 말을 듣는 게 아니라 좋은 사람의 말을 듣는다'고요. 좋은 사람은 좋은 관계가 된 사람이에요. 먼저 품어 주시고, 좋은 사람이 되어 주세요. 그다음에 하시는 조언은 '사랑'이 돼요."

가르치려면 먼저 관계가 만들어져야 한다는 말씀이에요.

아직 관계도 형성 안 된 사람이 가르치면 매우 폭력적으로 느껴지거든요.

  그런데 이게 또 아이러니한데요, 관계가 형성되려면 가르치려는 마음에 앞서 지금껏 아무도 가르침을 주지 않았던 그 아이의 삶을 안쓰러워해야 해요. 물론 안쓰러운 거지 불쌍한 건 아닌 것 아시죠? 아이는 내 아래가 아니라 나란히 서 있는 인격적 존재이니까요. 그 자체로 소중하고 동등한데, 다만 안쓰러운 거죠. 우리가 알려 주고 싶은 내용은 예의처럼 이 아이들이 하면 안 되는 행동 등 기본적인 것일 때가 많아요. 그런데 아이들이 그런 걸 아직 못 배운 거예요. 아무도 가르쳐 주지 않았고, 아직 몰라서 그럴 확률이 높거든요.
  '왜 그 누구도 애정을 갖고 가르쳐 줄 생각을 안 했을까?' 그렇게 생각해 보세요. 그러면 어른으로서 너무 미안하고 아이가 안쓰러워지실 거예요. 그 긍휼의 마음으로 관계를 시작해 주세요.

  정말 신기한 건요, 좋은 관계가 형성되면 우리가 가르치고 싶었던 걸 가르치기도 전에 아이들이 자동으로 배우게 되는 경우가 많아요. 굳이 가르치지 않아도 예의를 지키거나, 하면 안 되는 행동을 하지 않게 되죠. 저는 이런 경우를 진짜 많이 봤어요. 물론 안 고쳐지는 경우도 있지요. 그럴 땐 가르쳐 주고 싶은 그 상황만 평가하지 마시고 진짜 가르쳐 주세요. 예를 들어, 버릇이 없다고 느껴지셨다면 "너는 왜 버릇이 없니?" 또는 "너는 참 버릇없다"라고 하는 게 아니라, 이런 경우에는 이렇게 하면 좋겠다고 알려 주시는 거예요.

아 참. 여기서 중요한 팁! 우리가 말해 주고 싶은 아이에게 직접 말해야지, 다른 사람에게 전하시면 절대 안 돼요. "쟤는 싸가지가 없어", "요즘 애들은 싸가지 없어"라며 확대재생산하는 건 이미 너무 많은 사람들이 범하는 오류잖아요.

아이들을 대할 때 가장 조심해야 할 게 있다면, 무엇일까요?

이 질문에 대한 답은 시기에 따라 다른 것 같아요. 질문받는 시기에 제가 묵상하고 있는 것이나 가슴 아픈 사례를 통해 깨달은 것, 간절히 바라고 있는 것을 대답하게 되더라고요. 그것이 오늘은 '말'이에요. 정말 '말'을 조심하면 좋겠어요. 우리의 말에 아이들이 찔리지 않도록요.

한 녀석이 골목에서 담배를 피우다가 "너 이렇게 담배 계속 피우면 하나님이 싫어하셔"라는 말을 들었대요. 그 녀석은 그 이후, 교회에 나가지 않아요. 하나님이 싫어하신다는데 어떻게 교회에 가겠어요. 그런데 저는 잘 모르겠어요. 담배 피우면

2.
관계와
소통

정말 하나님이 싫어하시나요? 그걸 어떻게 알 수 있죠?

저는 여태껏 하나님이 좋아하시는 삶을 살고 싶었어요. 정확하게는 예수님을 따라 걷는 삶을 살고 싶었고, 살고 싶고, 노력했고, 노력해요. 그런데 아직 잘 모르겠어요. 어떤 게 하나님이 좋아하시는 거고 어떤 게 싫어하시는 건지, 헷갈릴 때가 종종 있어요. 그런데 그분은 하나님의 호불호를 그토록 정확히 알고 계셨나 봐요. 저는 정말 잘 모르겠는데요…. 하나님이 담배 피우는 그 녀석에게 "나는 너 싫어!"라고 하실까요? 제 생각에는 아니실 것 같아요. 물론 건강에 좋지 않으니까 안 피웠으면 하고 바라실 수 있지만, 그 영혼을 싫어하시진 않지 않을까요?

또 한 번은 이런 말도 들었어요. "제가 교회에 열심히 다녀서 아는데 쟤는 천국 못 가요!" 제 쉬키(제가 청소년 아이들에게 자주 사용하는 표현이에요)와 싸움이 난 녀석이 저에게 한 말이에요. 제가 그랬어요. "싸움한 건 둘 다 잘못이니 각자 잘못한 걸 반성하면 돼. 근데 쌤도 교회 다니는데, 교회 열심히 다니면, '내가 싫어하는 사람은 절대 천국 못 간다'고 생각하게 되는 게 아니리 '우리 둘 다 천국 갈 자격도 없는 죄인이구나' 하게 되는 거야. 난 천국 넌 지옥, 이렇게 판단하게 되지는 않아."

하지만 녀석은 제 말에 절대 굽히지 않고 말했어요. "아닌데. 우리 아빠가 저런 애는 천국 못 간다고 그랬는데." 마음이 아팠어요. '애들 잘못이 아니라 어른들 잘못이구나' 깨닫는 경우가 많은데 그때도 그랬어요. 잘못된 교육은 학대라는 말이 있어요. 정말 그렇구나 싶더군요. 그런데요, 정말 천국을 가고 못 가고는 어떻게 아는 걸까요? 그거, 하나님께 달린 거 아니에요?

아이들이 말에 상처받은 예는 차고도 넘쳐요. 하지만 어둠을 많이 얘기하면 뭐하겠어요. 빛을 좇을 시간도 부족한데, 얼른 빛을 좇아가야죠. 그래도 이 말씀은 드릴게요. 너무 많은 아이들이 어른의 말에 찔림을 당해요. 피가 난대요. 아프대요. 그러니까 우리가 먼저 판단하지 않으면 안 될까요? 아이들도 힘들어요. 아이들이 우리보다 더 힘들 때도 많아요. 사실 우리에게 와주는 것만도 고맙잖아요. 아이들에게 얼른 가르쳐 주고 바르게 잡아 주고 싶은 진심 때문에 그런다는 거, 그런 말들이 마음과 달리 매운맛으로 제조되기도 한다는 거, 저도 알아요. 그런데 우선 안아 주면 안 될까요?

우리 품에서 울어도 된다는 걸, 우리는 판단하는 사람이 아니라 수용하는 사람이라는 걸 아이가 알고 난 다음에 가르쳐 주셔도 되잖아요.

아이들이 말을 너무 안 들어요. 잘 듣게 하는 방법이 있을까요?

우선, 저는 어른들 말이라고 해서 다 들을 필요는 없다고 생각합니다. 우리가 학생일 때 생각해 보세요. 선생님의 모든 말이 도움이 되었던 건 아니잖아요. 하지만 도움이 되었던 말은 기억을 하죠. 그 말은 들으려고 노력해서 들은 게 아니라, 어느 날 귓속으로 들어왔어요. 그러고는 마음속으로까지 와서 아직도 그곳에 자리하고 있죠. 아이들도 그렇지 않을까요?

언젠가 〈유퀴즈〉라는 예능 프로그램에서 진행자가 초등학생에게 '잔소리'와 '조언'의 차이를 물었고, 그 대답이 크게 회자됐죠.

"잔소리는 왠지 모르게 기분 나쁜데 충고는 더 기분이 나빠요."

아이들도 아는 것 같아요. 잔소리와 충고가 자신에게 도움이 되지 않을 때가 많다는 것을. 그러니 선생님도 아이들에게 꼭 필요한 말을 하고 있는지 다시 한번 생각해 보시기를 부탁드립니다. 꼭 필요하다고 생각하는 말은 해야겠지만, 불필요한 말은 안 하시면 좋겠어요. 필요한 말을 할 때는 그 말을 하는 이유와 선생님의 감정도 전달해 주시는 게 좋아요.

"지금부터 내 말을 잘 들어 줘"라고 하시는 것보다는 "선생님이 정말 중요한 내용을 전달할 테니까 이 말은 잘 들어 줄래? 너희가 잘 들어 주면 정말 고마울 거야"라고 하시는 거예요. 떠들지 말라고 하고 싶을 때는 "지금 이 그림을 함께 보면 좋을 거 같은데, 잠깐 조용히 해줄 수 있어? 그러면 선생님이 힘들지 않을 것 같아"라고 하시는 거죠.

그리고 꼭 필요한 말이면, 아이들이 그 당시에는 잘 안 들어도 어떤 방식으로든 전달될 거라는 믿음을 가지세요. 저는 강의를 '심부름'으로 자주 표현해요. 하나님이 내게 심부름을 보내셨고, 그 심부름은 영수가 못 하면 철수가 해도 무방한 거라고 생각해요. 제 모든 말이 모두에게 도움이 되어야 하는 건 아니지만, 오늘 하나님이 이곳에 심부름 보내신 이유가 분명히 있을 거라고 생각하지요. 그런데 오늘 그 내용을 꼭 들어야 하는 분이 있는데 이곳에 안 왔다고 해도, 다음에 목사님이나 전도사님이, 아니면 다음 강사님이 그분께 전달해 줄 것도 믿어요. 엄마가 두부 사 오라고 심부름을 시켰는데, 영수가 못 사 오면 철수가 사 와도 되는 거니까요.

우리는 우리의 말을 전하려고 아이들을 만나는 게 아니라, 하나님의 말씀과 사랑을 전달하는 심부름꾼으로 부름받아 이 자리에 있는 거잖아요. 그러니 우리가 꼭 못 전하더라도 다음 심부름꾼이 전할 거라 믿으면 좋겠어요.

언젠가 한 아이에게서 인스타그램 디엠이 왔어요. 학교에 제가 강의하러 온 날 너무 피곤해서 잤대요. 그래서 내용을 하나도 못 들었는데, 강의 들은 친구가 너에게 꼭 필요할 거 같다면서 필기한 내용을 보여 주고, 무슨 말을 했는지도 알려 주었대요. 그런데 강의 내용이 진짜 감동이 되고 도움이 되었다면서 고맙다고 인사하고 싶어 연락했다고 하더라고요. '꼭 필요한 말이면 정말 어떻게든 전달이 되는구나' 다시 한번 느끼는 동시에 피곤하다는 말에 마음이 머물렀어요.

아이들도 잘 듣고 싶은데 정말 피곤해서 그럴 때가 있거든요. 특히 우리나라 청소년들은 대부분 자신의 나이에 비해 매우 피곤한 생활을 해요. 유엔아동권리협약 제31조에는 '모든 아동은 적절한 휴식과 여가 생활을 즐기며, 문화 예술 활동에 참여할 권리를 가진다'고 명시되어 있지만, 대한민국 아이들은 그 권리를 잘 누리지 못하고 있죠. 2023년에 실시한 아동종합실태조사에 따르면, 정신건강 고위험군 아동이 증가하였는데, 아동의 주요 스트레스 요인이 숙제·시험(64.3%)과 성적(34%)으로 나타났어요. 그러니 아이들이 듣고 싶어도 피곤해서 그저 자고 싶은 마음이 될 때가 많다는 것을 알아주시면 좋겠습니다.

마음을 여는 타이밍을 기다려야 하는 건 맞는데, 그 타이밍을 어떻게 알 수 있을까요?

알려고 하지 않으면 좋겠어요. 정말 알 수 없거든요. 그 타이밍을 알려고 하기보다 그 타이밍이 오기를 바라면서 그저 최선을 다하는 거죠.

"애들에게 치킨을 사 주셨는데 왜 교회에 안 오죠?"라는 질문을 받은 적이 있어요. 그래서 저는 교회에 오라고 치킨을 사 준 건 아니라고 답변드렸죠. 물론 교회에 같이 다니길 바라기는 했어요. 그런데 치킨을 먹으며 얘기 나누는 그 시간이 좋고, 배고플 때 같이 먹을 수 있어서 좋지, 교회에 오길 바라는 마음으로만 치킨을 사준 건 아니거든요. 그리고 저는 '사 줬다'는 마음보다는 '같이 먹는다'는 마음에 초점을 맞춰요. 하나님이 이 아이에게 치킨을 사 주라고 돈을 주신 것이 아니라 함께 먹는 모습을 보고 싶어서 이 시간을 주셨다고 생각하거든요.

　선생님의 질문을 조금 바꿔 보면, "애들에게 최선을 다했는데 왜 마음을 안 열죠?"라고 할 수 있을 것 같아요. 그런데 우리는 마음을 열려고 사랑하는 게 아니에요. 우리에게 사랑하라고 주신 영혼이니 사랑하고, 우리와 똑같이 소중한 인격이니 배려하고 환대하며, 우리가 함께 웃고 울 수 있는 시간이 주어졌으니 감사하는 거죠. 물론 아이의 마음은 열릴 거예요. 그렇게까지 사랑을 전하는데 어떻게 안 열리겠어요.

　하지만 열리는 데만 목적을 두면 함께하는 시간과 과정의 기쁨을 놓칠 수 있어요. 그리고 우리 눈에는 아직 안 열린 듯 보여도 이미 열렸을 수도 있고요. 환기할 때, 누구는 방충망까지 활짝 열고 누구는 방충망은 그대로 두고 유리창만 열고 누구는 창을 반쯤만 열어요. 모양은 조금씩 다르지만, 우리는 그 모든 형태를 환기하려고 창문을 열었다고 표현하죠.

　우리는 아이가 마음을 반쯤이나 열었는데도 안 열린 듯이 느낄 수 있고, 아이가 활짝 열었는데도 뭔가 아쉬울 수 있어요. 무엇보다 마음 문은 얼마나 열렸는지 확실히 볼 수도 없고요. 그러니 열리고 있다고 믿을 뿐, 몇 월 며칠 몇 시에 딱 열린다고 예측할 수 없죠. 확실하면 참 좋겠지만 마음만큼 불확실

한 게 없잖아요.

하지만 한 가지는 확실해요! 꼭 열린다는 거. 우리가 그 타이밍을 전부 목격하고 알고 기뻐할 수는 없어도 문을 여는 타이밍이 있다는 건 믿잖아요. 내가 담임하는 동안 그 마음이 조금밖에 안 열렸어도 괜찮아요. 교사 개개인이 하나의 퍼즐 전체를 다 완성하는 게 아니니까요. 다음 선생님이 선생님 덕분에 조금 더 수월하게 아이들에게 다가가실 수 있을 거예요. 마음이 이미 조금 열린 상태에서 시작하실 테니까요.

그리고 팁을 하나 드리면요, 기대치를 낮추시면 좋아요. 저는 기대치가 낮다는 소리를 자주 들어요. 메시지를 보내고 답이 안 오더라도 읽은 표시가 보이면 "읽었네" 하고 기뻐해요. "네"만 와도 "이제 대답도 하네!" 하고 좋아하고요. 그러니 계단 끝을 보고 "저기까지 언제 올라가?" 하지 마시고, 한 계단씩만 보세요. 아이가 먼저 다가와서 수다를 떠는 상상보다, 아이가 한마디 대답해 주는 것, 고개를 끄덕여 주는 것을 기대하세요. 그러면 마음문을 열고 싶어서 한 걸음 한 걸음 걸어가는 길에서도 맑은 공기를 느낄 수 있을 거예요.

반응이 없어도 너무 없어요. 제가 재미없는 걸까요?

청소년 강의에 가면, 아이들이 반응하지 않을 수도 있다면서 미리 죄송해하는 어른들을 많이 만납니다. 아이들이 반응하지 않아서 강사가 마음 상할까 봐 예고하며 배려하는 마음이 깊이 느껴져 참 감사해요. 그러면서도 '반응'이란 무엇일까 생각해 보게 돼요.

우리가 생각하는 반응이란 웃길 때 웃고 슬플 때 울고 물어보면 대답하는 것 등을 말해요. 눈에 보이는 반응이지요. 물론 반응이란 용어 자체가 '현상'을 얘기하지만, 모든 현상이 눈에 보일 수는 없지 않나요? 그러고 보니 아이들은 반응하지 않는 게 아니라 자신의 방식대로 반응을 하고 있는 거네요.

강의 때는 뻣뻣하게 있다가도 며칠 뒤 디엠으로 피드백을 보내기도 하고, 정말 안 듣는 것처럼 보이던 녀석을 1년 후 다시 만났는데 이전의 강의 내용을 생생히 기억하기도 해요. 겉으로는 안 웃어도 속으로 엄청 웃기도 합니다. 때로는 아주 세게 감동을 받아 마음에 바로 챙겨 넣었기 때문에 전혀 감동하지 않은 것처럼 보이기도 하고요.

물론 저도 '오늘은 정말 강의를 못했나 봐' 싶을 때가 종종 있습니다. 실제로 그런 자책이 담긴 말을 내뱉기도 하죠. 대부분 제 상태나 상황 등이 원인이긴 하나, 지나치게 반응이 없다고 느껴져 힘이 빠질 때 자책의 말을 하게 됩니다.

"오늘 강의 물 말아 먹었나 봐. 애들이 별로 안 좋아했던 거 같아."

며칠 전에도 이런 말을 했더니 한 녀석이 묻더라고요.

"애들이 고개 숙이고 있었어요?"

"아니."

"그럼 잘 들은 거예요."

저는 그 녀석이 준 위로를 덥석 받았습니다.

이 글을 쓰고 있는 저 역시 눈에 보이는 반응이 없어 두려울 때가 있지만, 그래도 꼭 말씀드리고 싶었습니다. 아이들의 반응은 보이는 것이 전부가 아니라는 걸. '집중'도 비슷한 관점에서 생각해 볼 수 있어요. 우리가 생각하는 집중의 범위가 아주 좁아서 아이들이 그 안에 들어오지 못할 때가 많거든요. 사실 우리가 생각하는 집중도 반응도, 지나치게 규격화되어 있잖아요. 참 재미없지요. 그런 틀에 아이들이 벌써 적응할 필요는 없잖아요.

그래서 제안을 드려요. 아이들에게 우리가 생각하는 반응이 있기를, 우리가 원하는 대로 집중하기를 바라기 전에, 우리가 생각하고 원하는 반응과 집중이 너무 좁게 설정되어 있지 않은지 점검해 주시기를요.

그리고 선생님이 재미없을 수도 있고 재미있을 수도 있지만, 괘념치 않으면 좋겠어요. 아이들은 재미있는 사람 말만 듣는 게 아니거든요. 제가 청소년 때 좋아했던 선생님이 계신데, 진짜 재미없으셨어요. 그래도 그 선생님 이야기를 잘 들었어요. 아이들은 재미있는 사람의 이야기를 듣는 게 아니라 '좋은 사람'의 이야기를 들어요. 자신과 좋은 관계가 형성된 사람요.

선생님이 진심으로 아이들을 아끼고 사랑하신다면 아이들도 그 마음을 느끼고, 다가갈 거예요. 선생님과 서서히 좋은 관계가 형성될 거고, 설령 아재 개그를 하고 옛날이야기를 한다 해도 아이들은 듣고 웃고 할 거예요. 그러니 지나치게 재미에 초점을 맞추지 않으셔도 돼요.

유아부 교사인데요, 저는 대학생이라서 유아부 부모님들보다 나이가 훨씬 적어요. 아이들은 예쁜데 부모님들께 연락해야 하는 상황이 생기면 참 난감하더라고요. 주일에 만나면 학부모님들께 무슨 말씀을 건네야 할지도 모르겠고요.

그럴 거예요. 왠지 무섭게 느껴지기도 하고 떨리기도 하겠죠. 혹시 학부모님이 교수님처럼 느껴지기도 할까요? 청년 시절 교사할 때 제가 그랬거든요. 말을 건네기가 괜히 조심스럽고, 뭔가 평가받는 느낌도 들고. 그런데요, 부모로서는 자신의 아이를 예뻐하는 사람에게 그저 고마운 마음이 들어요. 그리고 선생님께 잘못 행동했다가 자신의 아이를 안 예뻐하면 어떡하지 하는 이상한 걱정을 하기도 해요. 아마 부모님도 선생님께 잘 보이고 싶은 마음이 크지, 교수님처럼 행동하고 싶은 마음은 없을 거예요. 그러니 너무 저자세 취하지 않으셔도 돼요.

게다가 주일 그 시간에는 선생님이 아이의 보호자인걸요. 부모님들이 선생님을 믿고 아이들을 맡기고 가시잖아요. 예의는 당연히 갖추셔야겠지만 동등하게 행동하셔도 돼요.

따로 연락하실 때는 "안녕하세요. 이번 성탄절 때 ○○이가 무대에 서게 되어서 연락드립니다. 당일 준비물은 ○○, ○○○입니다" 정도로 하시면 되어요. 주일에 아이를 데리고 오셔서 직접 만날 때는 반갑게 인사하시면 돼요. 칭찬 하나 해드리면 더욱 좋아하시겠죠. "와~, 빨간 카디건이 엄청 잘 어울리세요"라든가, "펌 하셨어요? 잘 어울리세요" 같은 칭찬이요. 날씨 얘기를 꺼내셔도 좋아요. "오늘 날씨 정말 좋죠", "비가 오는데 아이들 데리고 오시느라 힘들지 않으셨어요?" 같은 이야기요.

저는 청소년부 교사입니다. 청소년과 쉽게 친해지려면 어떻게 해야 할까요?

친해지는 걸 쉽게 할 수는 없어요. 친해지고 싶은 선생님의 마음이 진심임을 알지만, 낯선 사람과 만나 가까운 관계가 되는 건 상대방이 누구든 정말 쉽지 않아요. 그 대상이 청소년이라고 해서 다르지 않고요. 나이는 우리보다 어리지만 청소년도 한 명의 인격이라서요. 성인과 성인이 친해지는 게 어려운 것처럼 청소년과 우리가 친해지는 것도 어렵죠.

청소년이니까 관계를 형성하기가 쉬울 것 같다면 그건 우리가 그들을 나와 동등한 인격으로 생각하지 않아서일 수 있어요. 사람들은 좋은 관계를 질투하지만, 그 관계를 만드는 데 얼마나 많은 진심과 정성과 시간이 들어갔는지 잘 모르거든요. '왜 쟤랑만 친하지?'라는 의문이 들 때가 있어요. 사실 재랑 주고받은 진심과 정성과 시간이 그런 관계를 만들어 준 건데 말이에요.

그러니까 청소년에게도 당연히 그만큼의 진심과 정성과 시간을 쏟아야 해요. 하지만 청소년은 어른들과 좀 다르긴 해요. 어른들에게는 마음을 활짝 열었다가도 금세 닫거나 연 적이 없었던 듯 시치미 떼는 기술이 있어요. 하지만 청소년들은 그 기술을 습득하기 전이라서 그런지 마음을 여는 데까지는 시간이 걸리지만 한 번 열면 계속 열어 놓아요. 그게 정말 고맙고 신비로워서, 청소년들을 만날 때마다 마음이 열리길 바라며 정성을 쏟게 되나 봐요.

작가님께서 공감을 위해 노력하라고 하셨는데, 저는 공감을 전혀 못 하거든요. 어떤 노력을 해야 할까요?

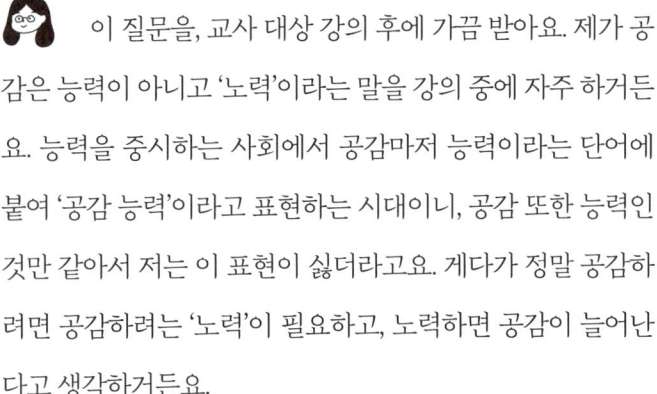 이 질문을, 교사 대상 강의 후에 가끔 받아요. 제가 공감은 능력이 아니고 '노력'이라는 말을 강의 중에 자주 하거든요. 능력을 중시하는 사회에서 공감마저 능력이라는 단어에 붙여 '공감 능력'이라고 표현하는 시대이니, 공감 또한 능력인 것만 같아서 저는 이 표현이 싫더라고요. 게다가 정말 공감하려면 공감하려는 '노력'이 필요하고, 노력하면 공감이 늘어난다고 생각하거든요.

공감을 전혀 못 한다고 하셨는데, 저는 그렇게 생각하지 않아요. 공감 못 한다는 얘기를 들었을 수 있고 공감을 못 한다고 스스로 느끼실 수도 있지만, 공감은 내가 절대 할 수 없는

영역이라고 단정 짓지는 않으시면 좋겠습니다.

　우리가 보통 MBTI에서 'T'(사고형) 성향이 많으면 공감을 잘 못 한다고 얘기하잖아요. 아이들은 이런 사람을 '쌉T'라고 해요. "우울해서 빵을 샀어"라는 말을 했을 때 '빵'에 초점을 맞추는 사람이 '쌉T'라면서, 그들은 정말 공감을 못 한다고 해요. 그런데요, 그들이 감정적 공감을 못 할 수는 있어도 인지적 공감까지 못 하는 건 아니에요.

　공감은 크게 '감정적 공감'과 '인지적 공감'으로 나눌 수 있어요. 그러니까 인지적 공감도 공감인 거죠. 회사에서 스트레스를 많이 받은 사람에게, 너무 힘들겠다며 감정적 공감을 해줄 수도 있지만, 이런저런 상황이라면 스트레스를 받을 수밖에 없겠다며 인지적 공감을 해줄 수도 있는 거죠. 우리는 평소에 공감을 '감정적 공감'으로만 해석해서 '인지적 공감'을 하는 사람들에게는 마치 공감 능력이 없는 것처럼 말해요. 하지만 그건 공감을 너무 좁게 이해한 데서 온 오해예요.

　공감은 '감정적 공감'과 '인지적 공감'이 조화를 이룰 때 가장 효과적이래요. 그리고 상황에 따라 더 필요한 공감이 있어요. 친구가 슬픔을 말하거나 위로를 원할 때는 그 감정을 받아들이고 따뜻하게 위로하는 '감정적 공감'이 좀 더 필요하죠. 하지만 함께 일하는 사람이 스트레스를 받는 상황을 말할 때는 '인지적 공감'을 하며 상황과 원인을 파악하고 해결책을 함께 고민하는 게 필요해요.

    선생님은 아마 '인지적 공감'을 잘하시는 분이지 않을까 싶어요. 그렇다면 선생님이 공감을 못 하시는 게 아니고, '감정적 공감'에 서툴 뿐인 거죠. 감정적 공감을 하기 위해 노력하셔도 물론 좋아요. 사실에 초점을 맞추기보다는 느낌을 받아들이고, 감정에 초점을 맞춰 보세요. '저렇게 느낄 수도 있구나' 생각하시고, 슬프다고 하면 "슬프겠다", 짜증 났다고 하면 "짜증 났겠다"라는 표현을 해보는 것도 도움이 돼요. 그리고 무엇보다 아이들을 대할 때는 '솔직함'이 가장 좋은 기술이에요.
    "네 마음을 깊이 공감해 주고 싶은데, 내가 대문자 T라서 그게 잘 안 되어 미안하네."
    이렇게 말하면, 아이들이 자신이 원하는 공감을 꼭 얻지 못했더라도 공감하고 싶어 하는 선생님의 진심을 느끼며 고마워할 거예요.

장기결석자에게 어떻게 연락해야 할까요? 부담스러워할까요?

부담스러워할 수도 있어요. 하지만 오랜 시간 결석했다고 해서 그 영혼의 손을 놓을 수는 없잖아요. 가능한 한 부담되지 않게 연락하며, 우리가 아직 너를 생각하고 기도하고 있다는 걸, 우리는 연결되어 있다는 걸 알려 주면 좋겠어요.

아이가 아직 어려서 보호자에게 연락해야 하는 부서라면 우편으로 엽서를 보내는 것을 추천합니다. 예산이 있다면 작은 선물과 함께 짧은 내용의 손편지를 보내는 것도 좋고요. 꼭 교회에 나오라는 권유보다는 안부를 묻는 연락이면 좋겠어요.

안녕하세요, ○○ 어머님.

저는 올해 ○○이를 맡은 유치부 교사 ○○○입니다.

인사를 드리고 싶어서 이렇게 편지를 씁니다.

벌써 봄이라 봄을 닮은 책갈피를 함께 보냅니다.

따뜻한 봄이 어머님의 마음에도 찾아가길 기도하며,

봄 같은 ○○이를 만날 날을 기대합니다.

궁금한 점이 있으면 언제든지 연락 주세요.

○○교회 유치부 교사 ○○○ 올림

(연락처. 010-1234-5678)

예시를 보여 드리면 좋을 것 같아서 적어 보았어요. 길게 쓰려면 부담이 되니 이 정도로 간단히 쓰셔도 돼요.

초등부부터는 또래 친구를 통해 연락하는 것도 괜찮아요. 잘 나오지 않는 아이를 아는 친구가 있으면 좋고, 그렇지 않다면 장기결석자에게 연락할 수 있을 만큼 활달한 친구에게 부탁해도 좋아요.

안녕, 나는 너랑 같은 학년이고 ○○교회를 다니고 있어. 허락 없이 문자 보내서 미안해. 이번에 교회에서 친구 초청예배를 하게 되어서 연락했어. 혹시 올 수 있어? 시간 날 때 답해 주면 고마울 거 같아. 좋은 하루 보내!

  이미 그 아이와 친하거나 잘 아는 친구가 있다면, 학교나 학원에서 만날 때 안부 전해 달라고 부탁하시면 되어요.
  아이가 부담스러워할 수도 있지만, 그래도 선생님이 카톡이나 문자로 가끔 연락하시면 좋지요. 물론 그 영혼을 위한 기도가 먼저입니다!

> 저는 중등부 교사인데요, 아이들을 꼭 따로 만나야 하는 걸까요? 차도 없고, '굳이 그렇게까지 해야 하나' 싶기도 해요.

어쩌죠, 저도 차가 없어요. 제가 차도 있고 운전도 잘해서 아이들 만나러 다니는 거라고 말씀드려야 위로를 받으실 텐데, 제가 하필 차가 없어서 위로를 못 드리네요. 그래도 도움이 되는 답을 드리도록 노력할게요.

저는요, '굳이 그렇게까지' 하는 사람들 덕분에 세상이 이만큼이나 나아졌다고 생각해요. 하나님의 나라도 마찬가지이고요. 먼저 그의 나라와 그의 의를 구하기 위해 굳이 그렇게까지 하지 않아도 될 일을 해나가는 사람들이 성경에도, 과거와 현재에도 많이 있었고 있잖아요. 세상의 역사에도 하나님 나라의 역사에도 그런 분들이 있었고, 그들 덕분에 우리가 이렇게 일상생활도 하고 신앙생활도 할 수 있다고 생각해요. 그렇다고 우리 모두 역사의 위인들처럼 되어 역경을 헤쳐 나가자는 말씀은 아니고요, '굳이 그렇게까지' 하는 게 우리의 믿음과 사랑이면 좋겠고, 선생님께서 '굳이 그렇게까지' 해주시면 아이들이 그 사랑을 먹고 얼마나 행복할까 하는 마음이 들어요.

믿음과 사랑은 감정이기도 하지만, 감정에서 그치는 건 아니잖아요. 믿음은 행동으로 이어질 때 영향을 미치고, 변화를 이끌며, 사람을 살린다고 생각해요. 그래서 저는 선생님께서 꼭 아이들을 만나 주시면 좋겠어요. 아무리 반 아이들과 관계가 좋아도 일대일 만남이 없으면 그 관계는 금방 끊어지는 약한 실과 같아요. 하지만 일대일 관계가 이어지면 그 실이 두 겹, 세 겹, 삼십 겹 줄이 되어 끊어지지 않게 되죠.

솔직히 차가 없으면 아이들 만나러 다니기가 쉽지 않죠. 그런데 차가 있어도 쉽지 않아요. 주차 문제도 생기고, 차가 막히면 약속 시간보다 늦을 때도 많죠. 이동하는 데 드는 비용도 대중교통보다 많이 들고요. 내가 잘못하지 않았는데 가는 도중 사고가 생기기도 해요. 반면 대중교통은 비용도 아낄 수 있고 주차를 하지 않아도 돼요. 사고 날 위험도 적고요.

사람 마음이 참 그렇더라고요. 무엇이 있어야 한다고 생각하면 그것이 있기 전까지 아무것도 하지 않아요. 그것을 생각하지 않았다면 그냥 했을 일도 안 하게 되더라고요. 사실 그것이 생길 때까지 기다리다가 결국 일을 못 하게 되는 경우도 많아요. 그 일을 하고 싶다는 마음이 그것이 생길 때까지 유지된다는 보장도 없고요. 상황과 환경이 계속 바뀌는 탓에, 정작 그것이 생겨도 그 일을 하지 못할 상황과 환경에 부딪히기도 하죠.

그러니까 선생님, 그냥 하세요! 무리하지 않는 선에서요. 기간을 길게 잡고 일주일에 한 명씩만 만나시는 거예요. 상반기 하반기에 한 명당 한 번씩 만나는 것도 괜찮아요. '이번 주에 다 만나야지' 하면 금세 지쳐요.

저희 교회는 보육 시설을 같이 운영하고 있어요. 그래서 시설에 있는 아이들이 주일학교에 꽤 오는데, 그런 아이들을 어떻게 대하면 좋을지 모르겠어요.

'그런' 아이들을 어떻게 대하면 좋겠냐는 질문을 많이 받아요. 그럼 저는 대답하죠. '그런' 아이들이 아니고, '그냥' 아이들이라고요.

보육원에 있는 아이들, 쉼터에 있는 아이들, 소년원에 다녀온 아이들, 할머니랑 사는 아이들, 부모님이 어린 아이들, 부모님이 아픈 아이들, 부모님이 없는 아이들, 사랑 못 받은 아이들…. 그런 아이들의 '그런'은 이렇게 매번 바뀌지만, 저는 '그런'을 다 빼라고 말씀드리고 싶어요. 그러면 '아이들'만 남잖아요. 그런 아이는 그냥 아이로 대해 주길 누구보다 간절히 바라거든요. 그리고 우리도 '그런'에 갇혀 괜히 더 조심하고 배려하려다가 마음이 어려워질 때가 많거든요. 그러니 자연스럽게 그저 하나님이 내가 꼭 품어야 해서 보내신 아이로만 여겨 주시면 좋겠어요.

얼마 전에 시설에서 나와 자립을 준비하는 녀석을 만났어요. 겨우 스물한 살인 녀석이 살아온 이야기를 쭉 들려주는데, 가슴이 찢어진다는 게 뭔지 새삼스럽게 경험했어요. 찢어졌던 마음이 붙은 지 얼마 안 되어 내성 따윈 생길 틈이 없었나 봐요. "남들과 다르지 않게 보기만 해줘도 우린 진짜 되게 엄청 좋아요." 녀석이 이야기 끝에 덧붙인 한마디가 제 마음 여기저기를 계속 쑤시고 다니네요.

저는 그런 아이들을 어떻게 대하면 좋을지를 묻는 것도 사랑이라고 생각해요. 사랑하고 싶고, 상처 주지 않고 잘 사랑하고 싶으니까 물으시는 거잖아요. 그 마음을 충분히 이해하고, 감사해요. 하지만 아이들은요, 남들과 다르지 않게 대해 달래요. 그렇다면 사랑할 때 필요한 '그런'은 딱 하나인 것 같아요. '내가 지금 꼭 사랑해야 하는' 그런 아이요. 선생님이 지금 꼭 사랑해야 하는 아이가 선생님께 갔네요. 그러니 지금, 많이 사랑해 주세요. 그거면 돼요.

저희 부서에 제 마음에 내키지 않는 선생님이 있어요. 어른들끼리 사이가 안 좋은 모습이 아이들에게 모범이 안 될 것 같아 상황을 바꿔 보려 해도, 그 선생님을 보면 계속 마음이 어렵네요.

 선생님만 그런 고민을 하시지는 않는 듯해요. 그런 질문을 하는 분들이 종종 있거든요.

어느 공동체나 개인의 마음을 어렵게 하는 사람이 있고, 때론 그 사람이 우리 자신일 수 있지요. 아이들에게 모범을 보여야 하는 우리는, 미워하는 마음을 들켜 모범 같은 건 물 건너갈까 봐 염려가 되죠. 하지만 이미 미움으로 향한 내 마음을 사랑으로 돌이키기가 참 어려워요. 내 마음인데 왜 내 마음대로 되지 않는지 몰라서 답답하기도 하고요. 저도 그 마음 알아요! 그런데요, 우리는 우리가 모두를 사랑할 수 없다는 것을 잘 알잖아요.

요즘은 아이들에게, 같은 반이라고 해서 전부 친구는 아니라고, 한 반에는 친구(friend)도 있지만 '동료'(mate)가 더 많다고 말해요. 같은 반 친구랑 사이좋게 지내라고 가르치면, 아이들 편에서는 그 모두를 사랑할 수 없으니 너무 힘들어지거든요. 그래서 모두가 자신의 친구는 될 수 없음을 알려 주죠.

교회 안에서도 마찬가지인 거 같아요. **같은 하나님을 믿는 형제자매임을 고백하지만, 모든 사람을 정말 형제자매로 생각하기는 어렵죠.** 그렇지 않나요? 같은 엄마가 낳은 친형제 친자매 중에도 내 마음에 들지 않는 사람이 있는데요, 뭘. 우리 마음이 생각보다 좁아서 그래요. 저는 어른이 되면 마음이 자연적으로 커지는 줄 알았어요. 어른이 되면 마음에 누군가를 들일 공간도 넓어진다고 믿었죠. 그런데 아니더라고요.

흔히 우리는 감정의 사랑만 사랑으로 착각해요. 그런데 감정의 사랑과 함께 행동의 사랑도 있어요. 성경에도 감정의 사랑만 나와 있지 않아요. 감정의 사랑을 하든지 하지 않든지, 만나면 밝게 인사하고 친절하게 대하고 간식도 나눠 주는 행동의 사랑을 하면 좋겠어요. 그도 나와 똑같이 하나님의 사랑을 받는 자임을 기억하면서요.

그리고 한 가지 더 말씀드리면, 긍휼의 마음이 사랑에 도움이 되더라고요. 저는 어느 순간 폭력적인 아버지가 불쌍하고 안쓰러워졌어요. 사랑만 해도 모자랄 시간을 왜 저렇게 안 좋은 말과 행동으로 허비하셨을까 싶어지니 짠한 마음으로 보게 되더군요. '왜 저렇게밖에 행동하지 못할까' 하고 비난하던 마음을, 안타까움과 안쓰러운 마음으로 바꿔 보세요. 도움이 될 거예요.

카톡을 해도 답이 안 와서 지쳐요.

맞아요, 그러면 지치죠. 그래서 우리의 초점을 조정하는 것도, 최면을 거는 것도 필요해요. 아이가 카톡을 읽었으면, 답하지 않은 것에 초점을 맞추지 말고 읽은 것에 초점을 두세요. 답은 없지만 읽었잖아요. 카톡에 1이 사라지지 않아 읽지 않은 것 같을 때도 읽었다고 생각해 주세요. 이게 최면입니다. '읽었을 거야'라고 믿는 거죠. 그런데 그거 아세요? 1이 여전히 있어도 읽은 경우가 많다는 것. 비행기 모드를 하고 읽거나 미리보기만 읽으면 1이 사라지지 않거든요.

그런데 왜 답이 안 오냐고요? 우리는 뭔가 보내야 답이라고 생각하지만, 아이들은 읽은 것 자체로 답일 수 있어요. 그리고 어떻게 대답해야 할지 모르거나 곤란한 경우에는, 답을 고민하다가 결국 못 하는 경우가 많아요. 예를 들어, "내일 올 거지?"라는 질문을 받았는데 내일 갈 수 없는 상황인 거예요. 그래서 못 간다고 하면 선생님이 속상해하시거나 이유를 물을 텐데, 이유를 말하기도 어렵고 죄송해서 말 못 할 때도 있거든요. 그리고 내일 갈 수 있는지 아닌지 아직 결정을 못 했을 수도 있고요.

그러니 답을 안 했다고 해서 선생님을 무시했거나 예의가 없어서 그런 게 아니에요. 아이의 입장에서 생각해 보면 충분히 이해할 수 있어요. 그래도 속상하실 수 있지만, "왜 답하지 않니?"라든가 "이번에도 답 안 할 거야?"라는 추궁을 담은 카톡은 삼가세요. 답을 하려다가도 그런 말을 들으면 위축되어 더 못 하게 되거든요.

아이들은 아주 친해지기 전에는 답하기를 어려워하기도 해요. 답을 전혀 하지 않았던 녀석도 친해지면 바로 답하거나 먼저 말을 걸잖아요. 변화가 보이지 않는다고 아이가 멈춰 있는 건 아니에요. 아이는 자신의 속도대로 천천히 다가오고 있다는 걸 믿으시고, 성큼 앞서가기보다 천천히 보폭을 맞춰 가시면 좋겠어요.

아이들에게 카톡이 너무 많이 와서 지쳐요.

 중간이 없어도 너무 없어요, 그쵸? 제가 부모 상담을 할 때도 두 부류예요. 아이들이 아주 말이 없거나 아주 말이 많거나! 중간은 없어요. 하긴 중간이 없는 게 아니라 중간이면 고민이 되지 않을 테니, 중간이 없어 보일 수도 있겠네요.

부족하거나 넘치면 고민이 안 될 수는 없는 것 같아요. 그런데 이건 정말 자기에게 있는 에너지와 깊은 관련이 있어요. 내 에너지가 100이면 70도 견딜 수 있는데, 내 에너지가 50이면 51만 되어도 넘치잖아요. 그러니 카톡이 많이 와서 지치는 게 아니라 나에게 에너지가 없는 건 아닌지 생각해 보실 필요가 있어요. 내 에너지의 문제라면, 아이에게 답해 줄 에너지는 남겨 두는 지혜가 필요해요.

그게 아니라면 성향의 문제일 수 있어요. 흔히 말하는 MBTI요. 아이는 '극E'이고, 선생님은 '극I'라면 극명한 차이가 느껴질 테니까요. 하지만 그렇다 해도 노력할 수밖에 없지요. 사회적 E(외향적)가 만들어지도록, 혹은 I(내향적)이지만 아이와 소통해야 하니 그때만이라도 적극적으로 할 수 있게 노력해야죠.

그렇다고 지나치게 노력하지는 마세요! 저도 I인데요, 아이들이 저한테 그러더라고요. 저하고 있으면 침묵이 있어서 좋다고요. 저는 대화를 하려고 노력하긴 하지만 너무 애쓰지는 않아요. 서로 얘기가 오가지 않는 시간은 그런 상태로 그냥 놔두죠. 아이가 휴대폰을 하면 저도 하고, 가만히 바라보면 저도 가만히 바라보며 웃어 주어요. I인 녀석들은 그 시간을 너무 좋아하고, E인 녀석들은 재밌어해요. 하지만 모두가 좋아하는 사람이 될 수도 없고 자신을 완전히 바꾸면서까지 해야 하는 사랑도 없으니, 내 모습 그대로를 지키면서 하는 게 좋은 것 같아요. 서로에게 있는 모습을 존중하면서요.

사실 카톡이 많이 오는 것 자체가 스트레스는 아닌 듯해요. 카톡을 보내는 주체가 아이이니 왠지 정성스레 답해야 하고 답을 바로 보내야 할 것 같은 생각이 스트레스죠. 저도 그렇거든요. 그래서 저는, 꼭 그러지 않으셔도 된다고 말씀드리고 싶어요. 단답을 해도 돼요. 물론 카톡은 감정을 표현하는 기능이 없으니 웃음 이모티콘 하나는 붙여 줘야겠지만요. 짧게 답한 후에 "선생님이 지금 많이 피곤하니까 내일 또 얘기하자" 하셔도 되어요. 상황에 따라 답장이 느릴 수도 있다는 것을, 아이들도 알아요.

사랑이라는 녀석은 부담이 되면 금방 숨어 버리는 특징이 있으니, 부담 때문에 사랑이 숨지 않도록 부담되지 않는 선을 지켜 주시는 게 매우 중요해요.

카톡이 있는데 왜 인스타그램 디엠으로 연락을 할까요? 인스타그램을 해야 할까요?

신기하시죠? 문자도 카톡도 있는데 왜 아이들은 디엠으로 연락을 하는지요. 모든 아이가 그런 건 아니지만, 많은 아이들이 디엠을 더 자주 사용하니 궁금하실 것도 같아요.

그 이유는요, 아이들이 인스타그램을 많이 이용해서 그래요. 페이스북에는 어른들만 있고, 아이들은 인스타그램에 있거든요. 물론 어른들도 인스타그램으로 많이 넘어오긴 했어요. 하지만 여전히 인스타그램은 어른보다 아이들에게 더 익숙한 놀이터죠. 이것도 얼마나 갈지 모르겠지만요.

인스타그램은 긴 글을 쓰지 않고 그저 해시태그만 달거나 아무 말 없이 사진만 올려도 되고, 게시글 없이 스토리만 올려도 되어요. 게다가 스토리는 24시간 안에 사라진다는 게 아이들에게는 큰 장점으로 작용해요. 짧은 시간 안에 잠깐 들어가 즐길 수 있는 점도, 친한 친구만 볼 수 있도록 설정해서 그들에게만 보이는 스토리를 올릴 수 있는 것도 아이들이 좋아하는 이유이지요.

  인스타그램에서 친구들 스토리도 보고 릴스도 보다가 메시지를 보내야 하는 상황이 생기면, 다른 앱을 열기 귀찮아 바로 인스타 디엠을 사용해요. 그 안에서 모두 해결이 되니까요. 그리고 디엠의 다른 기능도 한몫해요. 카톡은 메시지를 삭제하면 삭제했다는 흔적이 남지만, 디엠은 '전송 취소'가 가능하거든요. 보낸 메시지를 삭제하는 게 아니라, 아예 전송을 취소할 수 있어서 자신이 메시지를 보냈었다는 흔적이 전혀 안 남아요. 사진도 '다시 보기 허용' 기능이 있어서, 그 기능을 사용하지 않으면 상대방이 사진을 한 번만 볼 수 있고 다시 보기는 할 수 없어요.

  코로나 이후부터는 저에게도 디엠으로 연락이 훨씬 많이 와요. 아무래도 계정을 몇 개씩 만들 수 있으니 익명 소통이 가능하고, 메시지를 보내고도 전송을 취소할 수 있어서 더 용기를 낼 수 있는 것 같아요. 게다가 카톡은 휴대폰 번호를 새로 부여받지 않고는 계정을 바꿀 수 없는데, 인스타그램은 계정을 삭제할 수도 있고 비활성화할 수도 있어요. 연락을 안 하고 싶어질 때를 대비하기에 참 유용하죠.

그러니 아이들 사이의 문화라고 생각하고, 아이들이 인스타그램을 한다고 하면 디엠으로 소통해 주세요. 아이들이 선생님과 소통해 준다면야 인스타그램이 문제겠습니까! 뭐라도 해야죠.

3.
편견과
이해

써나쌤 story

지금은 제가 아이들을 이해하는 사람에 가깝지만, 저도 아이들에 대한 편견이 많았어요. 처음 아이들을 만나던 시절에는 "너희 때는 뭐가 힘들어?"라고 묻기도 했고, 엄마가 안 계신 녀석에게 "열이 나네. 집에 가서 엄마랑 병원 다녀올래?" 하기도 했죠. 떠올리기만 해도 아찔한 실수가 참 많아요. 아이라고 해서 다 엄마가 있다고 생각하는 것도 편견이고, '청소년은 공부만 하면 되는데 힘든 게 뭐가 있나'는 생각도 편견이잖아요. 사실 편견은 편견인지 몰라야 마음에 자리를 잡아요. 편견을 가지고 싶은 사람은 없으니까요. 저도 그런 사람이었어요. 편견이 편견인지도 모른 채 마음속에 아주 넓게 편견의 자리를 만들어 둔 사람이요.

그런데 현장에 있으니 그 편견을 둘 자리가 점점 좁아지더라고요. 아이들의 말을 듣고 삶을 보면 "요즘 아이들은 이래"라고 말할 수 있는 일이 하나도 없어요. 아이마다 전부 다르죠. 삶의 문제도, 삶의 기쁨도, 같은 색깔이나 모양이 하나도 없어요. 그리고 아이들은 솔직해요.

얼마 전에 게임이 제일 재미있다는 녀석에게 "공부하는 데 게임이 방해되겠다" 했더니 녀석이 저보고 실망했다는 거예요. 청소년과 밥 먹는 사람이 청소년 마음을 모른다면서. 그래서 내 말이 맞지 않냐고 했더니 틀렸대요. 게임하는 데 공부가 방해되는 거지, 공부하는 데 게임이 방해되는 것이 아니라고요. 아이들 입장에서 보면 정말 맞는 말이에요. 이렇게 아이들은 저를 자꾸 깨요. 굳어지려고 할 때마다 다가와서 그거 아니라고, 우리도 각자 좋아하는 게 있고 우리가 이러는 것도 이유가 있다고, 무엇보다 우리 스스로 만들어 낸 문제는 별로 없다고.

아이들의 문제는 이미 조성된 환경과 구조, 굳어진 사회와 어른들 때문에 생기는 것이 대부분이에요. 그래서 저는 부모나 교사 강의를 할 때, 어른을 교육하는 데 목적을 두기보다 제가 듣고 보고 느낀 아이들의 마음을 전달하는 시간으로 삼아요. 내가 가깝게 만나는 아이들의 마음을 아시기만 해도 지금 가지고 있는 편견이 마구 갈라지고 깨질 수밖에 없거든요.

독자들 가운데 교사를 위한 책, 특히 기독교 분야의 책이라고 하기엔 너무 말랑하고 자유롭게 썼다고 느끼는 분도 있지 않을까 싶어요. 하지만 저는 제가 이해하게 된 '아이들이라는 우주'를 온전히 보여 드리고 싶었어요. 알면 알수록 신비하고 아름다운 우주를 우리의 굳은 생각이 해치지 않도록 말이에요. 저의 진심이 잘 전달되기를 간절히 바랍니다.

뭘 해도 애들이 기대를 안 하는 것 같아요. 어떻게 하면 기대를 할까요?

제가 주일학교 교사를 할 때 어떤 선생님이 제게 비슷한 질문을 하셨어요. 저보다 나이는 어리지만 사랑만큼은 충만한 선생님이었지요. 아주 힘 빠진 얼굴로 묻더라고요. "쌤! 왜 애들이 여름수련회를 기대 안 할까요?" 그래서 제가 그랬어요. "우리도 안 하잖아." 그러자 그 선생님이 "팩폭!" 그러더라고요.

그날 저희 둘이 짰어요. 우리 먼저 기대하자고요. 그리고 만날 때마다 "이번 수련회 넘 기대되죠?" "그러니까요. 진짜 기다려져요!", 이런 대화를 주고받았죠. 수련회는 절대 안 간다는 남자애 셋이 어느 날 몰려와서 그래요. 도대체 수련회 때

뭘 하는데 그렇게 기대가 되냐고요. 그래서 우리가 "비밀!"이라고 하면, "선생님들이 참 이상하다"며 아이들이 놀렸죠.

그리고 여름수련회 가는 날, 그 세 명이 모두 왔어요. 왜 왔냐고 물으니 "선생님들 정신이 이상해 보여서 애들에게 피해 갈까 봐요", "너무 이상하면 우리가 119에 신고하려고요" 하며 신소리를 해댔죠. 어찌나 귀엽던지, 그 선생님과 함께 엄청 웃었습니다. 수련회에 가서는 어땠을까요? 그 세 명이 제일 신나서 뛰놀고 참여하는데, 그 모습이 더 웃겼어요.

수련회 가면 예배만 주구장창 드리는 줄 알았대요. 막상 가보니 게임도 하고, 보물찾기도 하고, 저를 물에 빠뜨리기도 하고, 아주 재미있었던 거죠. 그다음 수련회 때는 그 녀석들이 제일 먼저 신청했어요. "일찍 신청하면 오천 원 깎아 준다면서요?" 하면서 일등으로 신청서를 써왔죠.

그런 말 있잖아요. '감사할 일이 생겨서 감사하는 게 아니라 감사하면 감사할 일이 생긴다.' 정말 그 말이 맞더라고요. 기대되어서 기대한 게 아니라, 기대를 시작하니 진짜 기대가 되던걸요. 교사는 아이들의 거울이 되곤 해요. 우리라는 거울에 비친 아이의 모습은 어쩌면 내 마음일 수 있죠. 거울이 왜곡되면 거울에 비친 얼굴도 왜곡되어 보이잖아요. 옷가게 거울은 실제보다 날씬해 보이는데, 그건 제가 살이 빠져서가 아니라 그 거울이 그렇게 보이는 거울이더라고요. 그러니 우리 먼저 기대를 품고 있는 거울이 되어 보아요.

아이가 눈 맞추는 걸 싫어해서 고민이에요. 저는 눈 맞추고 얘기해야 사랑이라고 생각하거든요.

어떤 말씀인지 알겠어요. 눈을 맞추고 얘기하면 마음이 더 통하고 진솔한 이야기를 좀 더 나눌 수 있어서 좋으신 거죠? 저도 그렇게 하는 대화를 좋아해요. 하지만 눈을 꼭 맞추고 얘기해야만 사랑인 건 아니에요. 눈을 맞추는 것보다 상대방의 방식에 맞추는 게 더 깊은 사랑 아닐까요?

아이가 선생님이 싫어서 눈을 안 맞추는 건 아닐 거예요. 최근 들어 소통을 어려워하는 아이들이 참 많아요. 집에 손님이 들락거리는 시대가 아니잖아요. 집에 놀러 오는 엄마 친구를 이모라 부르고, 아빠 친구를 삼촌이라 부르며, 가족이 아닌 사람들과도 소통할 기회가 있던 시절이 있었는데, 요즘은 아니에요. 새로 이사 간 집에 초대받아 방문해도, 집구경 잠깐 하고 밥은 밖에서 먹고 헤어져요. 하룻밤 머물러야 하는 경우, 게스트하우스에서 잔다고 하더라고요. 그래서인지 새로 짓는 아파트에는 거주자들이 이용할 수 있는 게스트하우스가 단지 내에 딸려 있는 경우도 많다고 들었어요.

사실 '가족 외의 사람들과 소통이 어려운 시대'라고 말하는 데도 찔림이 있네요. 가족과도 소통이 어려운 친구들이 많으니까요. 영혼을 끌어모아 집을 사고, 그 집을 은행에서 완전히 찾아오기 위해 맞벌이에 야근에…. 영혼은커녕 몸을 돌볼 시간도 없다는 이야기를, 보호자들에게서 참 많이 들어요. 대출로 집을 소유한 경우에만 그런가요. 너나 할 것 없이 그저 먹고 사는 데만 애를 써도 얼마나 분주하고 정신이 없는지…. 교회 다니는 아이들에게 "언제 가족이 함께 모이냐"고 물으니 "주일에 교회 가는 차 안에서나 얼굴을 본다"고 하더라고요.

게다가 코로나로 인해 아이들이 또래와도 소통할 수 없는 시기를 겪었어요. 요즘 아이들이어서 소통을 어려워하는 게 아니라 아이들의 상황과 환경이 소통을 어렵게 만들었어요. 그러니 눈을 맞추고 대화하는 건 더 어려울 수밖에요.

선생님이 싫어서 아이들이 눈을 안 마주치는 것이 아니니 자책하며 마음 아파하지 않으시면 좋겠어요. 아이의 속도에 맞게 조금씩 대화를 늘려 가다 보면, 어느 날 아이가 고개를 들고 선생님과 눈을 맞추는 일도 일어날 거예요. 어색함이 사라지면 말도 조금 더 많이 하고, 웃기도 더 하고 그럴 거고요. 그러니 아이의 방식과 속도에 맞춰 주세요. 눈맞춤보다 그걸 더 사랑으로 느낄 거예요.

아이들의 문화를 잘 모르는데요, 알아야 좋지 않을까요?

 알면 좋을 수 있습니다. 그런데 모르면 좋을 수도 있습니다. 무슨 말이냐고요? 차근차근 설명해 드릴게요.

사실 우리가 알아서 얻는 정보는 한계가 있어요. 현장에 있는 사람이 가장 빠르게 알고, 알아봐서 아는 사람은 늦게 접할 수밖에 없잖아요. 그러니 우리가 알아보고 말하면 이미 아이들에게는 지나간 정보일 수 있어요. 예를 들어, 아주 핫한 아이돌 그룹의 멤버 이름을 다 외운다고 합시다. 그런데 우리가 전부 외우게 될 때쯤이면 그 아이돌은 이미 핫하지 않은 거죠. 아주 빠르게 변하거든요.

게다가 참 다양합니다. HOT를 좋아하는 사람이 반, 젝스키스를 좋아하는 사람이 반인 시절이 있었어요. 물론 그렇게 둘로 딱 나눌 수는 없더라도, 두 그룹 정도 알면 대세 그룹은 다 안다고 말해도 과언이 아니었죠. 그런데 요즘은 아니에요. 아이돌 그룹도 워낙 많고, 대세도 참 많아요. 아이들 다섯 명을 만나면, 다섯 명 모두 다른 가수를 좋아하기도 해요.

그러니 우리가 아이들의 문화를 잘 모르는 건 어쩌면 당연한 일이죠. 아이들과 연령대가 비슷해 그들과 같은 현장에서 살아가는 것도 아니고, 가끔 '보는' 존재잖아요. 아무래도 한계가 있을 수밖에 없죠. 그래서 알면 좋을 수 있지만, 아닐 수도 있다고 말씀드린 거예요. 늦게 알고 나서 아는 척하면, 지금은 그런 말 안 쓴다고, 지금은 그 노래 지나갔다고 핀잔을 들을 수 있거든요. 그래서 저는 안다고 접근하는 것보다 모른다고 접근하는 걸 권해 드려요.

제 쉬키들 중에는 세븐틴을 좋아하는 아이들이 제일 많아요. 그러니 세븐틴의 예를 들어 볼게요. 세븐틴의 멤버는 열세 명이에요. 에스쿱스, 정한, 조슈아, 준, 호시, 원우, 우지, 디에잇, 민규, 도겸, 승관, 버논, 디노. 그리고 세븐틴의 팬덤명은 '캐럿'이에요. BTS의 팬을 '아미'라고 하는 것처럼 세븐틴 팬은

'캐럿'이라고 부르죠.

   자, 이제 예를 들어 볼게요. 어떤 선생님이 세븐틴의 팬에게 "요즘 대세는 라이즈라며?" 하면 아이가 눈살을 찌푸리겠죠. "아니거든요. 세븐틴이거든요!" 하고요. 근데 한 선생님은 아이가 세븐틴 팬인 것을 알고 미리 공부를 했어요. 그래서 아이에게 말하죠. "나, 세븐틴 멤버 알아!" 아이가 좋아하며 묻죠. "누구요?" "음… 호시? 원우?" 그러면 아이는 눈살을 찌푸려요. "제 최애는 조슈아거든요!" 하면서요. 사실 멤버 이름을 다 외우는 건 선생님들에게 매우 어려운 시험이자 난관이에요. 그래서 겨우겨우 외워 기억나는 두 명을 말한 건데, 아이가 가장 좋아하는 멤버는 다른 사람이었던 거죠. 그래서 안다고 접근하는 건 생각보다 쉽지 않아요.

   그런데 모르는 건 도리어 도움이 돼요. 호기심으로 접근하는 거죠. "너는 아이돌 누구 좋아해?" "저는 라이즈요." "쌤은 처음 듣네. 어떤 그룹이야?" 그러면 아이가 눈을 반짝거리며 말해 줄 거예요. 자신이 좋아하는 아이돌을 쌤이 알고 싶다잖아요. 얼마나 신이 나겠어요. "아- 쌤, 여기 앉아 봐요. 라이즈에는요, 엄청 잘생긴 애가 있어요. 이름도 원빈이에요." "배우 이름하고 똑같네." "네, 맞아요. 근데 그 배우만큼, 아니 더 잘생겼어요. 완전 조각이에요." "오, 사진 보여 줘!" 이렇게 대화가

3.
편견과
이해

이어지는 거예요. 모르는 게 도리어 유리하게 작용을 하지요. 물론 아이가 이것저것 알려 준 다음에는 선생님이 조금 더 공부를 하셔서 다음 만남에서는 "나, 라이즈 노래 들어봤어!" 하면서 장단을 맞춰 주긴 해야겠지만요.

그러니 우선은 몰라도 돼요. 모든 아이가 아이돌을 좋아하는 것도 아니고 관심사도 정말 다양한데, 우리가 그걸 어떻게 전부 공부하겠어요. 우선 나에게 보내 주신 내 쉬키들의 관심사부터 알아보자고요. 우리도 새로 알게 된 맛집을 친구에게 소개해 주려고 하는데, 친구가 이미 알고 있다고 하면 김새잖아요. 내가 알려 주고 싶었으니까요.

바로 그런 거예요! 그러니 아이에게 먼저 물어보세요. 뭘 좋아하는지. 그리고 쌤은 잘 모르는데 가르쳐 줄 수 있냐고 요청하세요. 그리고 배우세요. 선생님의 마음속에 있는 아이를 꺼내서, 호기심 어린 눈으로 감탄사도 섞어 가면서요. 내가 맡은 아이에게 진심으로 관심을 가지신다면, 아이들 문화에 대해 몰라도 아무 문제가 되지 않아요.

왜 중학생들은 반응이 없어요?

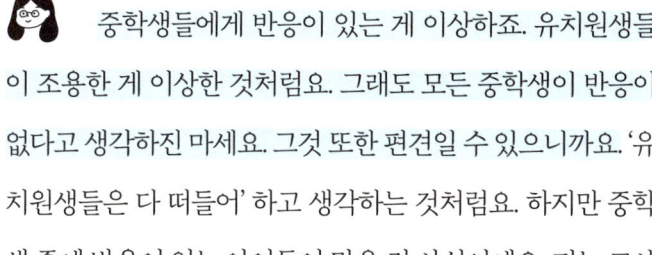 중학생들에게 반응이 있는 게 이상하죠. 유치원생들이 조용한 게 이상한 것처럼요. 그래도 모든 중학생이 반응이 없다고 생각하진 마세요. 그것 또한 편견일 수 있으니까요. '유치원생들은 다 떠들어' 하고 생각하는 것처럼요. 하지만 중학생 중에 반응이 없는 아이들이 많은 건 사실이에요. 저는 교사 강의 때 이런 말을 자주 해요.

"중2 때는 하나님이 뇌를 잠시 가져가십니다. 평생 뇌를 써야 하니까 한 번쯤 세척이 필요한 거죠. 깨끗하게 닦아서 고2 때쯤 돌려 주십니다. 그래서 고2 아이들이 이런 말을 많이 하죠. '쌤, 수능이 1년 남았어요!'라고요. 아니, 원래부터 알았던

거잖아요. 고2가 되면 수능이 1년 남는 걸, 중1 때도 알고 있지 않았나요. 그런데 다 잊고 있다가 고2 때 뇌가 돌아오면서 갑자기 인지하게 되죠. 저나 선생님들도 중2를 거쳐 왔지만, 그때의 기억이 잘 안 나서 '엄마는 안 그랬다' 이런 말을 하잖아요. 우리가 안 그랬던 게 아니라 기억이 안 나는 건데 말입니다. 그러니까 우리 역시 그때는 뇌가 잠시 없었던 거예요."

이 말 끝에 저는 덧붙입니다. 그러니 우리가 감사 기준을 낮춰야 한다고요. 늦게 오면 "왜 늦게 왔냐"가 아니고, "뇌가 없는데 교회를 찾아서 왔네. 아우 감사하다", 예배는 건성건성 드리더니 간식은 많이 먹으면, "뇌가 지시하지 않았는데도 간식을 먹네. 아우 감사하다" 하시라고요.

아이들이 반응하지 않는다고 속상해하지 마시고, 아이들이 예배의 자리에 온 것, 함께하는 것, 앉아 있는 것에 감사하면 좋겠어요. 중학생이 그 좋은 날 다른 데 가지 않고 교회에 와서 함께 예배를 드리다니! 정말 감사하잖아요.

그리고 사실 반응이 없는 게 아니라 우리가 원하는 반응을 보이지 않을 뿐이에요. 오후 예배 강의에 갔다가 진짜 깜짝깜짝 놀랄 때가 있어요. 듣는 분들이 '아멘'도 잘해 주시고, 별로 안 웃겨도 웃어 주시고, 함께 감동해 주시는 모습이 얼굴에 다

드러나죠. 제가 청소년과 밥 먹는 사람이 아니었다면 강의를 세상에서 제일 잘해서 그러는 줄 착각하겠지만, 청소년들과 사귀다 보니 그 의미를 알겠더라고요. 어른들은 자신들이 느끼는 것보다 적극적으로 반응을 해주신다는 것을요. 하지만 아이들은 자신의 감정을 그런 방식으로 드러내지 않으니, 반응이 없는 것처럼 여겨질 수밖에요.

그런데 그거 아세요? 아이들도 자신만의 반응 방식이 있어요. 중학교에서 강의하고 와서 "오늘은 아이들이 별로 반응이 없었던 것 같아"라고 했더니 제가 만나는 중학생 녀석이 묻더라고요.

"쌤. 자는 애들이 있었어요?"

"아니, 자는 애는 못 봤는데?"

"그럼 엄청 잘 들은 거예요."

그 얘기를 듣고 나니 힘이 불끈 나더군요.

아이들의 반응은 어른들처럼 규격화되어 있지 않을 뿐, 그래서 우리가 느낄 수 없을 뿐, 그들 나름의 방식으로 반응하고 있다고 믿어 주세요.

메시지를 읽고 답하지 않는다고요? 답하지 않는 게 아니라 메시지를 '읽은' 거예요. 언제나 "네"라고만 답하면 답을 안 한 것처럼 느껴질 테지만 엄밀히 말하면 답을 한 거잖아요! 자고 있지 않다면 듣고 있는 거고요.

 반응이 없는 게 아니라 우리가 원하는 반응을 하지 않은 것이니, 우리가 원하는 반응의 폭을 같이 넓혀 보면 좋겠습니다.

요즘 아이들은 어때요?

저는 '요즘 아이들'이라는 말이 싫더라고요. 왜냐하면 '요즘 아이들'의 특성이 따로 있다고 생각하지 않고, '요즘 아이들'이라고 규정 지으면 아이들에게 부정적인 영향을 미치거든요. 왜 요즘 아이들의 특성이 따로 있다고 생각하지 않냐면요, 각각의 개별적인 상황과 환경이 있어서 '요즘 아이들'이라는 그룹의 특성을 정의하기가 쉽지 않거든요. 정말 특별한 상황이 많아졌어요.

제가 처음 아이들을 만날 당시에는 엄마가 한 번 바뀐 아이가 있었는데, 지금은 엄마가 다섯 번 바뀐 아이도 있어요. 그럼 두 번, 세 번, 네 번, 그리고 한 번도 바뀌지 않은 케이스까지 함께 존재하는 거죠. 이건 한 가지 예일 뿐이고 정말 다양한 케이스가 있어요. 그러니 그 수많은 케이스를 획일적으로 한 그룹으로 묶어 얘기하는 건 정말 곤란해요.

혹시 하나로 묶어 지칭할 수 있다고 해도, 그건 부정적인 영향을 미치지 않을까요? '요즘 아이들'로 시작되는 문장이 긍정적인 경우, 보셨나요? 저는 못 봤어요. 요즘 아이들은 버릇이 없다, 요즘 아이들은 대답을 잘 안 한다, 요즘 아이들은 인사성이 없다…. 죄다 부정적인 말들만 있어요.

제가 '요즘 아이들'일 때도 저는 그 말이 싫었어요. 그때도 어른들이 요즘 아이들은 어떻다는 말을 했는데, 그 말을 들으면 반항하고 싶었거든요. 사실과 다르니까요. 우리 아이들도 그런 말을 들으면 저와 비슷한 마음이 들 것 같아요. 반항하지는 않아도 그런 마음이 들 거예요. 하지만 선생님은 좋은 영향을 주고 싶어서 이 질문을 하신 거죠? 요즘 아이들의 특성이 뭔지, 요즘 아이들은 어떤지 알면 그들을 조금 더 잘 대할 수 있을 것 같아서 하신 질문임이 느껴져요.

그렇다면 더더욱 어떤 판단이나 규정 없이 그냥 그 아이로 대해 주세요. 그 아이는 하나님께서 정성스레 빚어 이 땅에 보내 주신, 어디에도 똑같은 존재가 없는 유일하고 소중한 생명이니까요.

요즘은 버릇없는 아이들이 많은 것 같아요.

아이들이 라떼(나 때)와 달라 버릇이 없다고 생각하실 수 있지요. 그러면 가르쳐 주시면 되어요. 누가 가르쳐 주지 않아서, 아직 몰라서 그럴 확률이 높거든요.

아! 그런데 바로 가르치시면 안 돼요. 관계도 아직 형성이 안 된 사람이 가르치려 들면 아주 폭력적으로 느끼거든요. 가르치시려면 우선 관계를 형성해야 해요. 그건 아시죠? 관계가 만들어지려면 가르치려는 마음에 앞서 아무도 가르쳐 주지 않았던 아이의 삶이 안쓰러워야 한다는 것. 불쌍한 게 아니라 안쓰러운 거요. 나이가 좀 어려도 아이는 내 아래에 있는 존재가 아니라 나와 나란히 서 있는 인격이니까요. 그 자체로 소중하고 동등한데, 잘 모르니 다만 안쓰러운 거죠. 나처럼 이기적인 어른들만 만나서 아직 기본적인 걸 못 배웠구나 싶어 미안하고 안쓰러운 마음. 그 마음으로 관계를 시작해 주세요.

"요즘 애들은 싸가지가 없어"라고 확대해석하는 건 많은 사람들이 범하는 오류예요. 예를 들어 드릴게요. 어떤 녀석이 우리 교회에 남자친구를 데리고 왔어요. 그런데 예배 중에 남자친구와 손을 잡고 있는 거예요. 그걸 보고 선생님들이 이야기를 했죠.

"저걸 어쩐대?"

"그러지 말라고 말해 주면 다음에 교회 안 나오는 거 아니야?"

"그렇다고 말을 안 할 수는 없잖아."

용감한(^^) 제가 이 얘기를 듣고 그 아이에게 가서 귓속말로 이야기해 주었어요. "예배 중에는 손잡고 있는 거 아니야. 손 놔!" 그런데 녀석이 저를 보며 씩 웃더니 손을 놓더라고요. 그 이후로는 예배 중에 손을 잡은 적이 없어요.

어떻게 그렇게 바로 말을 잘 들었냐고요? 이미 저와 관계가 형성된 아이라서 그래요. 서로 아픔도 눈물도 나누었고, 치킨도 여러 번 같이 먹었거든요. 그러니 좋은 관계를 먼저 형성하고 난 다음에 조언이나 가르침을 해주시면 좋겠어요.

'요즘 애들은 그래, 요즘 아줌마들은 그래, 요즘 노인들은 그래….' 아이들 말고도 '요즘'이라는 말로 묶이는 세대나 그룹이 많아요. 그런데 '요즘'으로 묶어 담아낸 편견은 고작 몇 명 때문에 생기더라고요. 겨우 하나둘, 세 명 정도 때문에 생겨요.

얼마 전 강의 후 청중 가운데 한 분이 다가오셔서 말씀해요. "작가들의 강의가 원래 지루한데, 선생님 강의는 안 지루하고 좋았어요."

그래서 제가 작가들 강의를 많이 들어 보셨냐고 물었더니 두 번인가 들었다고 하시더라고요. 두 번 듣고는 '작가들 강의는 지루하다'는 편견이 생긴 거죠. 그리고 느낌은 지극히 주관적인 거라, 누군가에게는 제 강의가 다른 작가 강의보다 지루했을 수도 있고요.

선생님은 분명 버릇없는 아이를 보셨겠지요. 하지만 그런 아이들은 몇 명 안 될 거예요. 그러니 몇 차례 경험한 그 생각이 편견으로 굳지 않도록 노력해 주세요. 그 아이의 마음과 삶을 자세히 들여다본 건 아니잖아요. 아이가 그날 그랬던 특별한 이유가 있을지도 몰라요.

만약 저와 관계도 없고 잘 모르는 사람이 제게 훈계를 늘어놓거나 가르쳤다면 저도 버릇 있는 사람이 되긴 힘들었을 거예요. 그 아이도 그럴 수밖에 없었던 이유가 있을 수 있고, 우리가 오해를 담아 해석했을 수도 있어요. 그러니 생각을 열어두시고, 어쩌면 내가 틀린 판단을 했을 수도 있다고 생각하며, 다시 봐주세요. 편견을 빼고 오래 들여다보면 안 예쁜 생명이 별로 없거든요.

저희 반에 목사님 아들이 있는데, 예배에 집중도 안 하고 말도 잘 안 들어요. 목사님 아들이 그러면 안 된다는 생각이 드는데, 혼내면 엇나갈까 봐 걱정이네요. 어떻게 하면 좋을까요?

제 딸이 작가가 될 수도 있겠지만 엄마가 작가라는 이유로 제 딸이 작가는 아닌 것처럼, 목사님 아들도 목사님은 아니에요. 그러니 그 친구를 그냥 그 아이로 봐주시면 안 될까요?

제가 만나는 아이들 중에 아버지나 어머니가 목회자인 경우도 제법 많아요. 그 아이들하고 얘기하다 보면 속이 상해요. "너는 목사님 아들인데 왜 그러냐"는 말을 많이 듣는대요. 목사님의 자녀라는 이유로, 아니 자신의 부모가 목사님이라는 이유로 행동에 대한 지적이나 조언을 듣는 거죠.

작가의 딸은 작가의 딸처럼 굴라는 말을 듣지 않아요. 의사의 자녀도 바리스타의 자녀도 부모의 직업에 따라 행동의 제약을 받지는 않죠. 그런데 유독 목회자의 자녀는 부모의 직업에 따른 행동 제약이 있는 것 같아요. 선생님의 말씀이 무슨 의미인지는 잘 압니다. 아이의 행동이 걱정되시는 거죠. 그러면 '그 아이의 행동'에 대한 걱정을 하시면 돼요. 목사의 아들이어서가 아니라, 그 아이가 걱정되는 행동을 하는 사실을 걱정하는 거죠.

그 아이는 목사의 아들로서 제재를 받은 적이 많을 거예요. 말로 하는 사람도 있을 테고, 따가운 시선처럼 비언어적인 표현으로 충분히 제재를 받았을 거예요. 그런 일이 혹시 없었더라도 아버지가 목사라서 겪는 불편이 있을 테고요. "네 아버지는 뭐 하시노?"라는 질문이 아직도 통용되는 대한민국에서는 더더욱 그렇죠.

그리고 무엇보다 선생님은 이 아이가 목사님 아들이어서 맡은 게 아니시잖아요. 우리 머리카락까지도 세시는 하나님이 그 친구를 선생님과 세심하게 연결해 주신 거죠. 선생님이 꼭 품어 주시라고요. 그러니까 이 아이를 누구의 아들이 아닌, 하나님이 주신 한 영혼으로 봐주세요. 그리고 그 아이의 행동이 정말 걱정이 되면 누구의 아들이라는 편견은 빼고, "○○

이의 이런 행동을 보고 선생님이 걱정되었단다. 그 행동을 안 하면 좋겠네. 그 행동을 하면 너의 건강에 좋지 않기 때문이야'라고 말씀해 주세요. 그리고 그 아이를 위해 기도해 주세요. 선생님의 말씀을 듣고 행동을 즉시 수정하지는 않을지라도 그 진심은 아이의 마음에 닿을 거예요. 그리고 자신의 행동에 대해 생각하는 계기가 될 거예요.

조금 더 깊이 들어가 보면 '목사님 아들은 이래야 해'는 '목사님은 이래야 해'에서 파생된 경우가 많아요. 선생님의 마음속에 '목사님은 이래야 해'가 있는지, 그게 정말 필요한 조건인지 살펴봐 주세요. 예를 들어, '목사님은 예배시간에 졸면 안 돼'라는 생각이 있다면, 자신도 모르게 졸 수도 있는 상황은 배제된 거잖아요. 목사님도 우리도 예배시간에 졸고 싶지는 않죠. 집중하고 싶지만 자신도 모르게 졸음이 몰려오는 경우가 있잖아요. 목회자도 사람이기 때문에 '이래야 해'를 못 지킬 수 있고, 지켰지만 못 지켰다는 오해를 받을 수도 있어요. 그리고 '이래야 해' 때문에 더욱 왜곡된 시선으로 바라보게 될 수도 있고요. 정말 우리가 '이래야 해'를 가지고 있어야 하는지, 우리가 가지고 있는 '이래야 해' 자체가 편견은 아닌지 점검해 보면 좋습니다.

자녀들 다 키우고 나서 주일학교 교사를 하고 있는데, 요새 애들은 제가 키울 때 아이들이랑 또 너무 다르네요.

정말 그래요. 아이들은 다르죠! 그런데요, 선생님이 육아하던 시기의 아이들과 지금의 아이들이 다른 게 아니라, 애들은 그냥 다 달라요. 세대의 문제로 보지 않으시면 좋겠어요. 편하게, '요즘 애들은 달라' 이렇게 말씀하시는 분들이 계시는데, 참 불편해지게 하는 생각이거든요.

제 친구가 그러더라고요. 우리 때는 새벽까지는 통화하지 않았는데, 요즘 애들은 왜 그 시간에 전화를 하는지 모르겠다고. 그래서 제가 그랬죠. 나는 새벽까지 전화했다고. 그 친구가 말한 우리 때는 '나 때'도 아니고 '나' 때예요. 바로 자신이 생각하는 때를 말하는 거죠. 그 친구와 저는 같은 시기를 살았잖아요. 그런데도 상황이 각자 달랐어요. 그러니 '우리'라고도 할 수 없고, '우리 때'라고도 할 수 없는 거죠.

그러면 그 친구가 말한 '요즘 애들'은 누굴까요? 고등학생인 자기 딸이에요. 자기 딸이 새벽까지 전화 통화 하는 걸 보고 저에게 그렇게 말한 거예요. 엄밀히 말하면 그 딸아이는 '요즘 애들'도 아닌 거죠.

"나는 새벽까지 전화 통화 하지 않았는데, 내 딸은 왜 새벽까지 통화를 하는지 모르겠다." 이 말이 맞는 거죠. 선생님의 질문도 마찬가지일 거예요. 선생님 가정의 아이들과 지금 선생님 반의 아이들이 다른 거죠. 이 아이들이 서로 다른 건 아주 당연한 거고요. 형제자매도 똑같지 않은데 어떻게 같을 수가 있겠어요. 우리는 저마다 다르죠. 공통점이 있을 수 있지만 그렇다고 같지는 않아요. 선생님과 제가 다른 것처럼요.

앞에서 제가 '요즘 애들은 달라'라고 생각하는 게 왜 불편해지는 생각이라고 말씀드렸냐면요, 그렇게 정해 두면 더는 생각을 하지 않게 되거든요. 이해하지 못할 상황마다 '요즘 애들은'이라고 치부하고, 그 아이나 그 아이의 상황에 대해 깊이 들여다보지 않게 돼요. 요즘 애들이라 그런다는 결론을 이미 내린 터라 이해하려는 노력조차 하지 않게 되지요. 어차피 '요즘 애들'로 묶어 버리니 이해의 영역이 아닌 이미 규정된 집단이 되어 버리고 말죠.

그러니 그렇게 하나로 묶어 생각하지 마시고, 선생님이 육아했던 아이들과 비교하지 마시고, 지금 아이들 한 명 한 명이 어떻게 다른지 관찰해 보세요. 그들이 왜 이러는지는 잘 몰라도, 그 모습 하나하나를 들여다보면 알게 되실 거예요. 아이 한 명 한 명이 얼마나 정성스럽게 빚어진 피조물인지, 얼마나 각각 다르게 빛나는지…. 노력해도 이해되지 않는 건 수용하시면 돼요. 이미 아시는 것처럼 다른 건 틀린 게 아니고, 아이들은 저마다 다르게 빛나거든요.

작가님은 교회 밖의 아이들을 더 많이 만나시잖아요. 교회 밖의 아이들은 많이 다르죠?

아니요. 별로 다르지 않아요. 예전에는 학교 안과 밖, 교회 안과 밖이 살짝 다르긴 했어요. 하지만 지금은 '학교 밖 아이들'이라는 말도 잘 사용하지 않아요. 물론 학교에 다니지 않는다고 해서 무슨 문제가 있기라도 한 듯 '학교 밖 아이들'이라고 부를 수 없기 때문이기도 하고, 제도권 안의 시설은 아니어도 여러 형태의 배움터가 생겨났기 때문이기도 해요. 하지만 제가 볼 땐 이제 밖과 안의 차이가 없어서 '학교 밖 아이들' 같은 단어도 사용하지 않게 되는구나 싶어요.

조금 가슴 아픈 이야기이지만, **교회 안과 밖의 아이들이 다르다고 생각하면, 교회 안의 아이들이 교회에서 자신들의 마**

음을 다 말하지 못한 것일 수도 있어요. 교회 안에서는 왠지 내색하면 안 될 것 같고, 말하면 문제아로 보실 것 같다는 말을 아이들에게서 많이 듣거든요. 저는 정말 교회 안에서 '안전한 수다'가 가능하면 좋겠어요. 내 얘기를 하더라도 퍼져 나가지 않고, 내 마음과 달리 해석되지 않고, 그저 마음 편하게 털어놓을 수 있다면 얼마나 좋을까요. 그러면 우리가 조금 더 건강하게 신앙생활을 하고, 서로를 더 위하며, 상처가 곪아 터지기 직전까지는 안 갈 수도 있을 것 같아요.

교회 안의 아이들과 밖의 아이들은 별로 다르지 않은데, 교회 안의 아이들이 교회에서 자신들의 마음을 말하지 못할 뿐이라는 뜻이에요!

저는 연대하며 활동하는 이들이 모여 '안전한 수다'를 떠는 경험을 종종 해요. 안전한 수다에서는 입 밖으로 꺼낸 개인의 아픔과 고충은 거기서만 소비하기로 약속하죠. 속 얘기를 할 수 있어야 서로 더 건강하게 연대할 수 있는데, 누군가를 돕고 연대하는 사람들도 사실 그게 어렵거든요. 그래서 마음을 열어 놓고 보일 수 있는 시간을 따로 마련하죠. 저는 그 수다의 시간 때마다 생각해요. 교회에서도 이런 안전한 수다가 가능했으면 좋겠다고요.

제가 교회에서 강의할 때는 사례를 제시할 때 엄청 고민을 해요. 괜히 우리 아이들에 대해 오해하지는 않을까, 이상하게 생각하지는 않을까 걱정이 되어서요. "우리 교회에는 그런 아이 없어요!" 그러실까 봐요. 언젠가 "우리 교회에는 작가님이 만나는 그런 아이들은 없어요"라는 말을 들었거든요. 그 말을 듣고는 몇 개월 동안 교회에 가서 강의를 못 했어요. '괜히 우리 아이들을 보는 시선에 편견을 더 심어 주는 건 아닐까, 내가 만나는 아이들이라고 하면 불쌍하게 보시는 건 아닐까' 싶어 못 하겠더라고요. 그 이후에 다시 교회 강의를 하게 되었을 때는 아주 평범한 사례를 들었어요. 공감이 되지 않으면 경청도 어려울 테니까요.

그런데 아주 평범하고 흔한 사례를 찾아서 제시해도 우리 교회와는 먼 이야기라고 치부하는 경우를 봐요. 사실 저 역시 아이들의 상황이 가상현실이면 좋겠다 싶을 때가 있으니, 믿기지 않는 그분들의 마음이 이해될 때가 많아요. 교회 안에는 없는 유형의 아이들이라고 해서 교회 밖에도 없는 건 아니잖아요. 교회 안의 아이들의 상황과 환경과 감정을 우리가 다 알고 있는 것도 아니고요. 물론 겪은 대로 생각할 수 있지만 겪은 대로'만' 생각하면 안 되잖아요. 제가 느끼는 문 하나의 차이는 너무 커요. 밖에서 덜덜 떨고 있는 아이를 보고도, 우리의 난방을 위해 문을 꽉 닫아 놓고 있는 건 아닐까요? 떨고 있는 아이가 없는 것이 아니라 우리가 문을 닫고 있어 보지 못하는 건 아닐까요? 한번 생각해 봐 주시면 좋겠어요.

혹 교회 문을 열고 아이가 들어왔다면, 교회는 떨지 않은 척을 해야 하는 곳이 아니라는 걸, 그 모습 그대로 보여도 괜찮다는 걸 삶으로 알려 줄 수 있으면 좋겠어요.

저는 결혼을 하지 않았어요. 교사는 아이를 낳고 키워 본 분들이 더 잘하실 것 같은데, 제가 계속 교사를 해도 될까요?

교사 대상 강의를 하러 가면, 강의 전에 또는 강의 후에 간증하는 경우가 종종 있어요. 대체로 교사 중 한 분이 나와서 간증을 하시죠. 저는 보통 뒷자리에서 대기하며 듣곤 하는데, 선생님들 반응이 참 재미있어요.

앞에서 간증하는 선생님이 아이를 낳고 길러 본 아주머니라면 청년 교사들이 얘기해요. "봐, 교사는 육아 경험이 있어야 한다니까. 우리는 아이를 안 키워 봐서 몰라."

간증하는 선생님이 청년이면 아주머니 아저씨 선생님들이 얘기해요. "뭐든 젊어야 된다니까. 젊어야 애들이 더 좋아해."

제가 보기에 그 선생님은 나이나 육아 경험 덕분에 간증을 하게 된 게 아니거든요. 물론 뭔가 성과가 있고 모범이 되니 간증을 하시는 거겠지만요. 말씀을 드리고 나니 '성과가 있다'는 말이 참 별로네요. 사랑에 성과가 어디 있겠어요. 설령 있다고 해도, 어떻게 우리가 그 면면을 다 볼 수 있겠어요. 무엇보다 그건 비교하는 말이잖아요. 어떻게 사랑을 비교할 수 있겠어요.

그리고 제가 다른 나라에서는 안 살아 봐서 잘 모르겠지만, 우리나라는 뭔가 '한 것'만 경험으로 생각하는 경향이 있어요. 결혼한 것은 경험이고 결혼 안 한 것은 경험이 아닌가요? 우리나라에서, 그리고 한국 교회에서 결혼 안 한 사람이 더 힘들까요, 결혼한 사람이 더 힘들까요? 물론 둘 다 힘들겠지요. 그런데 결혼 안 한 사람이 더 힘든 부분도 분명 있어요. 우리나라에서는 대입, 취직, 결혼을 마땅한 도리로 생각하잖아요. 그러니 안 한 사람들은 얼마나 많은 말을 듣겠어요. 언제 할 거냐, 안 할 거냐, 해야 되지 않냐, 할 때 되지 않았냐 등. 생각만 해도 머리 아플 정도로 많은 말을 들어요. 그런데 이 또한 얼마나 좋은 경험이겠어요.

미혼인 후배가 있는데, 그 후배 친구들은 다 결혼을 했나 봐요. 친구들이 육아 얘기 끝에 그러더래요.

"너는 애를 안 키워 봐서 모르지?"

아주 속상한 표정으로 제게 그 말을 전하기에 다음에는 이렇게 말하라고 했어요.

"너도 애 안 키우고 사는 삶은 모르잖아."

그렇잖아요. 아이를 키운 사람은 안 키운 사람의 삶을 알 수 없어요. 아이를 키웠거나 키우지 않았거나 우린 각자 다른 삶을 경험했어요. 그러니 무언가를 안 한 사람을 두고 경험이 없다고 생각하면 안 돼요. 우리는 각자의 자리에서 경험하고 살아요. 선생님도 그러셨고요.

그러니 결혼을 안 했고 아이를 키워 보지는 않으셨지만, 선생님이 하실 수 있는 사랑을 아이들에게 전해 주시면 돼요. 다른 사람처럼 말고요, 선생님 고유의 방식으로요.

중등부 교사를 하고 싶은데, 형편이 좋지 않아요. 청소년부 교사는 아이들에게 밥을 잘 사 줘야 한다는데 걱정이 되네요.

언젠가 강의를 마치고 나가는데 한 선생님이 저를 따라 나오셨어요. 60대 정도 되는 권사님이 질문이 있다며 말을 건네시더라고요. 그래서 복도에 서서 이야기를 들어 드렸죠.

"저는 30년 넘게 주일학교 교사를 하고, 살림도 30년 넘게 했어요. 그런데 예전에는 아이들 고구마 삶아다 주고 요구르트 사 오면 됐는데…. 요즘 옆 반 선생님은 한 달에 한 번 패밀리 레스토랑을 데리고 가시더라고요. 제가 그만둬야 아이들이 옆 반 선생님 같은 분에게 가서 맛있는 거 더 먹을 수 있겠구나 싶고, 이제 할머니가 되었으니 애들이 별로 안 좋아할 것 같고…. 그래서 그만하려고, 마지막으로 교사 모임에 나온 건데, 하필 작가님이 강의 중에 그 말씀을 하셔서 마음이 찔렸네요."

제가 그날 강의 중에 '혼밥' 이야기를 했거든요. 혼자 밥 먹는 게 너무 당연해져서 오히려 혼자 먹기 싫은 아이들도 혼밥을 하게 된다고. 도시락을 전해 주러 간 어른은 아이가 혼자 먹기를 원할까 봐 문고리에 걸어 놓고 오고, 아이는 혼자 먹는 게 당당하게 보일까 봐 혼자 먹기 싫어도 혼밥하는 일이 많다고. 하지만 교회는 그러지 않아도 되어서 좋다, 할머니도 있고 누나도 있고 삼촌도 있는 대가족이어서 밥 먹으면서 쌓이는 정이 뭔지 알 수 있는 공동체라고 말씀드렸거든요. 그런데 그 선생님이 '할머니'라는 대목에서 마음이 탁 걸리신 거예요. 할머니라서 그만두려는 분에게 할머니도 있어야 한다고 말한 셈이니까요. 마음이 맑은 분들은 찔림도 자주 느끼시잖아요.

저는 왜 그 모습이 그토록 귀여웠는지, 마치 선생님의 마음속 청소년을 만난 것 같았어요. 그래서 웃으며 물었지요.

"그런데 선생님. 정말 할머니라서 그만두시려는 거예요? 아까 말씀 중에 패밀리 레스토랑에 못 가서 그만두시는 걸로 들렸는데요."

"맞아요. 나는 비싼 걸 못 사 주니까…"

"저는 과부의 두 렙돈 설교를 2백 번은 들은 거 같은데, 권사님은 어떠세요? 1억을 가진 사람이 백만 원을 드리는 것보다 백만 원 가진 사람이 10만 원 드리는 걸 더 귀하게 여기시는 하나님을 배웠잖아요, 우리. 선생님은 선생님이 하실 수 있는 일이 있을 거예요."

"그게 뭘까요?"

이야기가 길어져서 카페로 자리를 옮겼어요. 그게 뭔지 찾아보고 싶었거든요. 이야기를 나누는 중에 요즘 가장 즐거운 일이 뭔지 여쭈었어요. 선생님은 친구들에게 반찬을 만들어 주는 일이라고 하셨지요.

"우리 남편이 상처받아서 교회에 안 나오는 케이스거든요. 그래서 교회 일에 돈 쓰는 걸 아주 질색해요. 나는 살림하고 생활비를 받아 쓰는 형편이라 남편을 교회에 다시 나오게 하려면 조심할 수밖에 없죠. 그런데 반찬은 들킬 염려가 없어요. 그 양반이 영수증을 봐도 내가 콩나물을 500그램 샀는지 1킬로를 샀는지 알 수 없잖아요. 그래서 반찬 재료를 많이 사서 넉넉히 만들어 혼자 있는 제 친구들에게 나눠 줘요. 중등부 애들 보니까 요리사 나오는 프로그램도 많이 보던데, 나도 요리하는 건 참 좋아하거든요."

"아, 그럼 그러시면 되겠네요!"

제 머리에 번뜩 좋은 생각이 떠올라 말씀드렸어요. 아이들 재적이 열 명인데 자주 나오는 아이들은 여섯 명이라고 하셔서, 여섯 명에게 무슨 반찬을 좋아하냐고 물어보고 한 달에 한 번 도시락을 싸 오시는 건 어떻겠냐고요.

"그거야 너무 쉬운데, 햄버거 좋아하고 파스타 좋아하는 애들이 할머니가 해주는 밥을 좋아할까요?"

"애들이요, 처음 만나면 햄버거 먹자 마라탕 먹자고 하지만, 계속 만나면 밥 먹자고 해요. 애들이 밥을 얼마나 좋아하는데요. 애들도 속 편한 걸 찾을 때가 많아요. 한 번 해보시고, 아니다 싶으면 다시 고민해 보면 되죠."

그리고 바로 다음 날, 오후 예배를 마치고 나오는 길에 그 선생님에게서 연락이 왔어요. 아이들에게 좋아하는 반찬을 물어보셨다고, 다음 주일에 도시락을 싸 갈 거라고요. 그리고 그다음 주일 오후에 다시 전화가 왔어요. 울먹이는 목소리가 들려서 무슨 일이 생겼나 했는데, 이렇게 말씀하시는 거예요.

"우리 반 ○○이가요, 제 밥이 패밀리 레스토랑 음식보다 맛있대요. 햄버거나 파스타 먹으면 속이 안 좋을 때도 많은데, 제 밥은 속이 너무 편했대요. 또 해달라고 하네요. 작가님 말씀이 맞네요. 애들도 속 편한 게 좋은가 봐요."

그리고 선생님은 계속 한 달에 한 번 도시락을 싸 갔대요. 이제는 패밀리 레스토랑 가는 애들이 이 반을 부러워한다고 해요. "너희 할머니 선생님 밥, 안 남냐? 나도 그거 먹고 싶다" 하면서요.

물론 선생님의 말씀이 맞아요. 아이들은 밥 잘 사 줘야 하죠. 하지만 내 형편대로 하는 거예요. 내가 패밀리 레스토랑 데려갈 형편이면 데려갈 수 있지만, 동네 햄버거 가게 정도만 갈 수 있다면 패밀리 레스토랑 바라보느라 목 빠질 필요 있나요? 햄버거를 맛있게 먹으면 되죠. 세상이 자꾸 우릴 비교해서 우리도 자꾸 스스로를 비교해요. 그런데 우리가 하고 싶은 건 사랑이지 비교가 아니잖아요. 우리의 최선을 아이들이 알아줄 거예요.

그리고 그분의 채워주심은 기대하셔도 돼요! 제가 해보니까요, 집하고 차는 안 주셔도 아이들 먹이는 비용은 어떻게든 채워 주시더라고요. 그러니 **채워주심을 기대하며 내 형편에 맞게 베푸세요.** 사랑이 가면 물질도 따라가는 게 당연하지만, 물질의 양으로 사랑을 측정할 수 있는 건 절대 아니니까요. 사 주고 싶은 마음, 그건 누가 뭐래도 사랑이잖아요.

저는 나이가 많아요. 애들이 젊은 선생님을 좋아하는 듯해서 교사를 그만해야 하지 않나 고민이 되네요.

우리나라는 무엇을 하든 그런 고민을 하게 만드는 것 같아요. 다른 나라는 제가 안 살아 봐서 잘 모르지만, 특히 우리나라는 무슨 일을 할 때 노인에게 관대하지 않잖아요. 평균 수명은 늘고, 현재 나이에 0.8을 곱해야 현실 나이라는 이야기도 있던데, 환갑을 넘기면 노인이라고 하는 분위기는 여전하달까요? 그게 조금 슬프더라고요.

저는 청소년들을 30대 초반에 만나기 시작했어요. 그때만 해도 40대가 되면 못 하겠지, 아이들이 날 안 좋아하겠지 했어요. 하지만 15년을 이어 왔고, 여전히 저는 청소년과 밥 먹는 사람으로 살고 있네요. 아이들이 아직은 저를 좋아해 주고요. 그러면 오랫동안 할 수 있겠다 싶어져야 하는데, 사실은 저도 50대가 되면 이 역할을 못 할까 봐 조금 걱정이 돼요. 걱정하기 싫어서 아예 그 생각을 안 하려고 노력하지만요.

제가 앞에서 말씀드린, 패밀리 레스토랑 못 가서 아이들에게 미안하다는 선생님 이야기를 교회학교 교사 강의 때 자주 해요. 나이 들어서 이제 교사는 못 한다고 생각하는 선생님들이 꽤 계셔서 위로도 하고 힘도 드릴 겸 해서요.

얼마 전에도 교사 강의 때 그 얘기를 했더니, 나이 지긋하신 남자 선생님이 질문 시간에 이런 말씀을 하셨어요.

"아까 말씀하신 나이 든 선생님의 질문에 깊이 공감합니다. 나이 든 나도 아이들의 할아버지, 선생님들의 삼촌, 무엇보다 좋은 신앙의 선배가 되고 싶어서 아직 교사를 하고 있거든요. 그런데 제게 역할은 좀 필요합니다. 점점 제 역할이 없어지는 느낌이거든요. 나이 든 교사에게도 역할을 주면 좋겠어요. 그럼 위축되지 않고 더 밝게 교사를 할 수 있을 것 같습니다."

그 강의실에 함께 있던 교역자들과 교사들, 그리고 저에게까지 참 깊이 공감되는 말씀이었어요.

그래서 드리는 말씀인데요, 선생님도 나이가 들었다는 이유로 그만두지는 않으셨으면 좋겠어요. 담당 교역자와 같은 부서 교사들과 잘 의논해서 선생님의 역할이 생겼으면 좋겠고요. 주보 복사 같은 단순한 역할도 좋고, 신입 선생님 격려하는 선배 선생님 역할도 좋은 것 같아요. 교회마다 각기 다른 필요가 있을 테니 잘 의논해 보시기 바라요.

그리고 한 가지, 교사에게 가장 중요한 역할은 아이들을 사랑하는 일이란 거 아시죠? 아이들은요, 젊다고 좋아하고 나이 들었다고 싫어하지 않아요. 자길 정말 좋아하고 사랑하는 사람을 좋아해요. 아이들은 영혼이 맑아서 그런 사람을 잘 알아보거든요.

저는 성인이 되어서야 교회를 다니게 되었어요. 어릴 때부터 교회에 다닌 사람에 비해 교회 문화를 잘 모르죠. 그래서일까요? 교회 용어들이 예스럽게 느껴지고, 편견이 담겨 있어 보여요. 자모실에서 '자모'는 '아들과 엄마'만 뜻하는 건지, 20대 초반 청년들을 '대학부'라고 지칭하면 대학을 안 다니는 청년들은 교회에 못 오는 건지 등등이요. 이런 의문이 이상한 걸까요?

 아니요, 적어도 저에겐 이상하지 않아요. 저도 그랬거든요.

제가 처음에 동네 청소년들을 만나면서 자연스럽게 그 녀석들을 교회에 데리고 오게 되었어요. 그런데 몇 명이 그러더라고요. 고등부라는 이름이 기분 나쁘다고. 왜냐고 물으니 고등학교 다니는 애들만 오라고 저렇게 써놓은 것 같다고 해요. 다수가 지은 이름이 다수에게는 의문이 아닐지 몰라도, 소수의 눈에는 "왜?"라는 질문을 떠오르게 할 때도 있잖아요. 학교에 안 다니는 녀석의 눈에는 그게 딱 보였던 거죠.

사실 저도 '자모실'이라는 명칭이 이상하다고, 교사 강의 때

가끔 말하곤 했어요. 말씀하신 것처럼 '대학부'도 그렇지만, '수능 기도회'도 그렇죠. 수능을 보지 않는 아이도 있고, 대학이라는 진로를 택하지 않는 아이도 있을 테니까요.

저는 이런 의문이 참 건강하다고 생각해요. 이유 없이 기존의 것을 반대하는 게 아니잖아요. 누군가 소외되는 기분을 느끼지 않게, 더 좋은 의미를 드러낼 수 있게 하고 싶은 거니까요. 게다가 용어나 명칭이 본질은 아니에요. 본질에 더 가까이 다가가기 위해 '비본질'을 고민하는 건 건강한 일이잖아요.

하지만 그게 의문에서만 끝나면 안 될 것 같아요. 함께 건의하고 더 좋은 용어나 명칭을 고민하고, 제안도 하는 과정을 거치면 좋겠습니다. 그리고 받아들여지지 않더라도 자신의 의견이 무시당한 거라고 생각하지 않아야겠고요. 그저 시기가 아직 이르거나, 시간이 필요한 거니까요.

저는 '자모실'을 '돌봄예배실'이라고 하면 어떨까 하고 제안해 보았어요. 강의를 다니다가 '자모실'이라고 적힌 곳이 있으면 말씀드렸죠. 너무 좋은 의견이라고 하신 교회도 아직 바꾸지는 않으셨더라고요. 교육부 목사님이 좋다고 하셔도 다른 어른들이 반대하셨을 수 있고, 행정절차도 있는 거니까 쉽지는 않을 거라고 생각해요. 그래도 새로운 사람들이 교회에 왔을 때, 뭔가 용어 때문에 마음이 상하지는 않으면 좋겠어요.

3.
편견과
이해

그래서 더 열심히 건의하려고요.

  그리고 교회 바깥에서 건강하게 바뀐 용어들도 조금씩 익혀 나가시면 좋겠어요. '유모차'는 엄마만 끄는 게 아니니 '유아차'로 바뀌었고, '폐경'은 부정적인 느낌이 있어서 '완경'으로 바뀌었거든요. '보호종료아동'이란 말도 사용하지 않고 '자립준비청년'이란 말을 사용해요. '편모'나 '편부'도 쓰지 않고 '한부모'라고 하고요. '고아원'이 '보육원'으로 바뀐 것처럼 부정적인 느낌을 줄 수 있는 용어들을 바꿔 나가고 있지요. 우리도 공부하고 익혀서 새로 오시는 분들께 혹여라도 용어나 명칭 때문에 상처를 주는 일이 생기지 않으면 좋겠습니다.

청소년 범죄가 많이 일어나잖아요. 교회 안에서도 일어날까 두려워요.

 그럴 수 있지요. 충분히 이해합니다.

우리는 지나치게 많은 걸 보고 들어요. 그런데 우리가 보고 듣는 것 가운데 자극적으로 편집된 버전이 많다는 거 아세요?

저는 길을 가다가 잘 넘어져요. 얼마 전에는 법원에 강의하러 갔다가 부장판사님 앞에서 넘어졌어요. 정확하게는 마중 나온 판사님께 얼른 가서 인사해야지 하는 마음에 차에서 서둘러 나가다가 발라당 넘어졌어요. 얼마나 창피하던지…. 무릎에 피가 흐르는데 내색도 못 했죠. 판사님이 웃음을 참으며 "작가님을 평생 잊지 못할 거 같아요" 하셨는데, 그 음성이 떠오르면 어디 숨고 싶어요.

그리고 다시는 넘어지지 않고 싶었는데, 일주일도 안 돼서 또 넘어졌어요. 그 이후로도 계속 넘어지고 있고요. 하지만 멀쩡하게 강의도 하고 글도 쓰고 청소년도 만나고 가족과 시간도 보내며 잘 지내고 있습니다. 그런데 제 일상을 다 촬영한 뒤 넘어지는 모습만 모아서 편집한다고 생각해 보세요. 그럼 저는 넘어지기'만' 하는 사람으로 인식되겠지요. 아이들의 문제행동을 방영하는 많은 프로그램이 그래요. 문제행동을 모아서 편집해 내보내죠. 그러면 우리는 그 아이를 문제아로 인식하게 되죠. 아이가 문제인 게 아니라 아이의 행동이 문제인 건데, 구별이 안 됩니다. 영상이 짧게 편집될수록 자극은 강해지고 그에 따라 두려움도 커지죠. 그러니 그런 사건이 있을 때, 릴스나 짧은 영상으로 보지 마시고 그 내용을 정확하게 다룬 전체 프로그램을 보시길 권합니다.

실제로 청소년 범죄가 많이 발생하고 있는 것이 사실이지만, 성인 범죄가 훨씬 더 많아요. 10대에도 범죄자가 있고, 20대, 30대, 40대, … 80대에도 있지요. 그러니 청소년만 문제행동을 많이 일으키는 것처럼 생각하지는 않으면 좋겠습니다.

우선, 우리 아이들은 그렇지 않다고 믿어 주세요. 아이들의 문제는 자생적으로 일어나지 않습니다. 구조와 환경, 특히 어른의 문제를 넘겨받아 발생하죠. 하지만 사랑이 결여된 마음이 채워지면 회복될 수 있어요. 문제가 일어나기 전으로 돌아갈 수는 없어도 문제 이후에 새로운 삶을 살 수 있죠.

더욱이 두려움은 아무것도 해결해 주지 않아요. 두려움으로 해결할 수 있는 문제는 없죠. 귀신이 나타날까 봐 두려운 밤에는 그림자만 보고도 귀신인 줄 알고 놀라죠. 두려움은 오해를 낳고, 문제를 확대하고, 문제의 본질을 볼 수 없게 만들기도 해요. 그러니 두려워하지 말고, 기도하고 공부하시면 좋겠어요. 아이가 산만하면 혹시 'ADHD'(주의력결핍 과다행동장애)가 아닐까 싶어 걱정이죠. 그런데 ADHD에 대한 책을 읽고 공부하면 두려움이 없어져요. 산만한 것만이 그 특징이 아니란 걸 알 수 있거든요.

선생님도 청소년 범죄 통계나 확률 등을 공부해 보시면 막연한 두려움을 덜어 내실 수 있을 거예요. 모임을 만들어 같이 공부하시는 것도 좋고, 도움이 될 만한 강좌를 신청해 들으시는 것도 추천해요.

그리고 한마디 덧붙이면, 교회 안이나 밖이나 가정 안이나 밖이나 문제를 일으키는 건 청소년이 아니라 대부분 어른이라는 말씀, 꼭 드리고 싶어요!!

저희 교회는 다문화권 사람들이 많이 사는 동네에 있어요. 그러다 보니 자연스레 다문화권 분들이 교회에 오곤 해요. 그런데 몇 달 전에 새로 온 아이가 있어요. 그 아이는 우리 동포이고요, 중국에서 온 아이인데, 교회에서 우리 아이들과 싸움이 났어요. 우리 아이들 중 한 명이 '짱깨'라고 놀렸거든요. 이럴 때는 어떻게 해야 하나요? 참 난감합니다.

정말 그러셨겠어요. 교회에서 아이들 사이에 싸움이 난다는 거 자체가 난감하잖아요. 그런데 선생님, 그 아이도 '우리' 아이 아닐까요? 죄송하지만 선생님 말씀 속에 '우리'는 기존에 교회를 같이 다니던 아이들이고, '그 아이'는 우리에 속하지 않아 보이네요. 우리는 우리가 아닌 사람들과 우리가 되고 싶어 전도하지 않나요. 교회를 같이 다니면 같은 하나님을 믿는 한 가족, 형제자매라고 표현하고요. 그럼 몇 달 전에 와서 함께 예배를 드리는 그 아이도 '우리'여야 하지 않을까요?

얼마 전에 어느 초등학교 학부모 강의에 다녀왔어요. 거기도 다문화권 분들이 많더라고요. 그래서 그분들을 위해 원어민 선생님이 동시통역을 해주셨어요. 제가 한국에서 강의를 하는데 통역을 필요로 하게 될 줄은 한 번도 생각지 못했어요. 신기한 경험이었는데, 앞으로는 더 많아지겠구나 싶더라고요. 우리가 생각하는 '우리'의 범주는 아직 너무나 좁지만, 우리도 모르는 사이에 '우리'의 범주가 훨씬 넓어졌음을 인정하게 되더라고요.

교회도 마찬가지인 것 같아요. 기존의 '우리'를 지금부터 넓혀 가야 더 많은 사람들을 편견에 갇히지 않고 받아들일 수 있을 거예요. 그러니까 '그 아이'도 우리로 받아 주세요. 무엇보다 '그 아이'가 우리에게 온 것은 우연이 아닐 거예요. 우리는 하나님의 계획하심 안에 있으니까요.

그리고 한 가지 더 말씀드리면, '짱깨'라는 말은 지금 아이들이 아는 말이 아니에요. 아주 예전에, 중국 사람을 비하하는 뜻으로 사용했던 말이지요. 그럼 그 아이에게 '짱깨'라고 놀렸던 아이는 그 말을 어디서 배웠을까요? 어른들에게 배우지 않았을까요?

제가 밖에서 만난 애들을 교회에 데리고 왔을 때 한 분이 날카롭게 물었어요. "당구 치고 술 마시는 애들 불러오면, 그 애들이 또 당구 치고 술 마시는 애들 불러오겠죠. 그러면 교회가 뭐가 되겠습니까?"

　뭐라도 대답하고 싶었는데 그분은 자기 말만 하고 혀를 차며 사라졌어요. 그 장면이 떠오를 때마다 한동안 정말 억울했죠. 저는 말하고 싶었거든요. '교회는 교회가 되는 거'라고. 교회는 건물만을 말하는 게 아니잖아요. 우리도 교회잖아요. 저는 아이들이 처음에는 비록 교회 같지 않아 보이더라도 점점 교회가 될 거라고 믿어요. 그러려면 먼저 '우리'가 된 우리들이 따뜻한 품이 있는 교회가 되면 좋겠어요. 그럼 새로 온 아이들이 함께 또 우리가 될 것이고, 그렇게 조금 더 넓은 우리라는 교회가 되어 가겠지요. 그러기 위해서는 우리가 먼저 함께 노력해야 하지 않을까요.

4.
마음과
돌봄

써나 쌤 story

청소년만 만나고 싶었는데, 어른을 만나는 일이 점점 늘고 있어요. 그러다가 알게 되었어요. 어른의 마음속에도 웅크린 십대가 있다는 것을요. 교사는 사랑을 전하려고 시작한 삶이잖아요. 그런데 내 마음속 십대를 일으켜 주지 않은 채 바깥의 십대를 이해하고 돌본다는 건 참 어려운 일이에요. '이타'를 하기 위해서는 '이기'가 필요해요. 내가 먼저 일어나고 내가 먼저 건강해야 가능해요. 수없이 쓰러지고 아프며 깨달은 터라 이 마음을 그저 말뿐일 걸로 느끼실까 봐 걱정이 되지만, 그래도 꼭 말씀드리고 싶었어요. 자신의 마음을 먼저 돌보시고, 그다음에 아이들을 안아 주시라고요. 그래서 4부 제목을 굳이 '마음과 돌봄'으로 정했는지도 모르겠어요.

"우리가 시간적으로는 10대를 지났어도 우리 마음엔 10대가 있는 거예요. 40대라면 맘속에 40대만 있는 게 아니라 10대와 20대, 30대, 40대가 다 있죠."

제가 강의에서 자주 하는 말이에요. 처음에는 우리도 10대를 거쳐 왔으니 10대를 이해해 달라고 드린 말씀이었는데, 이제는 우리 맘속에 10대가 있다는 걸 정말 많이 느껴요.

얼마 전에 사인회를 하는데 어느 학부모가 "저도 청소년처럼 이름 불러서 사인해 주시면 안 돼요? 저는 '정'이에요" 하셔서 "정아, 살아 주어 고마워!"라고 적어 드렸어요. 오늘은 청소년에게 나눠 주는 응원카드를 어른에게 건네니, "네 모습 그대로 사랑해"라는 문장이 적힌 카드를 뽑은 분이 울컥 눈물을 쏟아 내시더라고요. 언젠가는 강의가 끝나고 한 녀석이 너무 울기에 살짝 안고 토닥여 주었는데, 아이들이 교실로 돌아가고 나서 선생님 한 분이 "저도 안아 주시면 안 돼요?" 하셔서 꼭 안고 토닥여 주고 왔어요.

우리가 아이들을 돌보는 교사이긴 하지만, 그래서 아이들의 마음도 잘 알아야겠지만, 그래도 자신의 마음과 마음속 어린아이하고도 잘 놀아 주면 좋겠습니다. 누구에게나 어린아이이고 싶은 시간이 있으니까요. 그럴 때는 자신에게 철없다고 하지 마시고, 그 모습을 지나치게 숨기지도 마시고, 어린 아이로 대해 주는 사람을 만나면 좋겠습니다. 아이처럼 투정을 부리기도 하고, 두서없이 쏟아 놓기도 하고, 안기기도 하면서요. 하나님께도, 신뢰하는 어른에게도 그럴 수 있다면 좋겠어요. 생물학적으로 어른이라고 해서 온전히 어른이 된 건 아닌 거 같아요. 아이의 모습 또한 있다는 걸 알고, 그 아이 또한 아플 때가 있다는 걸 인정해야 더 건강한 어른이지 않을까요? 그러니 우리 속에 있는 어린아이 같은 시간과 모습까지도 사랑하여, 우리에게 주어진 어린 영혼들의 시간과 모습까지도 사랑하며 지내 봐요, 우리.

작가님은 교사로서 힘들 때 어떻게 이겨 내셨어요?

저는 이긴 적이 없는 거 같아요. 맨날 진답니다. 사실 힘들 때가 있는 게 아니라 '맨날' 힘들거든요. 그런데도 좋아요. 힘들지 않고 좋기만 한 게 있을는지 모르겠지만, 저는 힘들어도 좋은 게 더 마음에 드는 편이에요. 편하기만 한 거, 안 힘든 거, 재미없잖아요. 내일이면 마음이 바뀔지 모르겠지만 오늘까지는 그렇습니다.

그래도 이런 질문을 받으면 '혼자만의 시간을 갖는다', '나 자신과 데이트할 시간을 갖는다'… 이런 대답을 해왔는데, 오늘은 좀 다른 대답이 떠오르네요. 웃긴 게요, 힘들게 하는 것도 아이들인데 쉼이 되는 것도 아이들이에요.

한번은 범죄심리 전문가와 약속이 되어 있었어요. 쉬키가 관련된 한 사건 때문에 쉬키랑 같이 그분을 만나기로 했죠. 그런데 그분이 코로나에 걸려서 날짜가 미뤄진 거예요. 날짜를 다시 잡고 나서 녀석에게 물었죠. "약속했던 날이 비게 되었으니 맛있는 거 먹을까" 하고요. 그랬더니 대뜸 "아, 쌤, 좀 쉬어요" 하는 거예요. 근데 그 말을 조금 전에 다른 친구에게 또 들었어요. 상담이 취소된 녀석에게 "그럼 언제로 다시 잡을까" 했더니 "우선 쉬세요. 저, 마음 좀 나아졌으니까 괜찮아요. 그러니 걱정 말고 쉬셔도 돼요" 하는 거예요. 되게 감동이지 않나요? 누가 날 이만큼이나 걱정해 주겠어요. 누가 날 이렇게나 생각해 주겠어요. 아이들의 이런 마음이 저에겐 큰 힘이 되고, 쉼이 되어요.

재밌게도 요즘 저는 아이들 때문에 힘들 때 아이들 덕분에 쉬어요.

잘 가르칠 자신이 없는데 교사를 할 수 있을까요?

행복을 가르치는 교사가 아니라 먼저 행복한 선생이 되는 건 어떠세요? 저는 우리 교사들이 먼저 행복하고 그 행복을 공유하는 사람이 되면 좋겠어요.

아이들을 상담하며 알게 된 사실인데요, 엄마가 교회에서는 웃고 집에 오면 화만 낸다고 생각하는 아이들이 꽤 많아요. 그래서 굳이 교회를 다닐 필요가 없다고 생각하죠. 예수 믿는 엄마가 집에 와서 집이 후졌다고 불평하고, 차 바꿀 돈이 없다고 투덜대면 아이는 예수님 믿어도 집하고 차가 더 중요하다고 느끼더라고요. 가르침이란 삶의 일부인데, 삶이 가르침과 다르면 아이들은 가르침을 받아들이지 않아요. 하지만 삶 자체가 가르침이 되면 굳이 말로 가르치지 않아도 아이들이 배우죠. 그게 진정한 가르침 아닐까 싶어요.

무엇보다 교회는 세상의 조건이 끼어들 수 없는 곳이잖아요. 학교를 어디 졸업했는지, 집이 어디에 있는지, 무슨 차를 타는지, 직업이 뭔지 상관없이 주를 믿는 믿음으로 하나 되는 공동체예요. 더 많이 배운 분이 같이 교사를 한다고 내가 기죽을 필요가 없고, 높은 지위에 있는 분이 교사를 같이 한다고 해서 내가 낮은 사람이 되지 않음은, 우리가 예수 믿는 성도이자 교사이기 때문이에요. 세상에서는 높고 낮음이 중요하고 비교하며 판단하는 일이 자주 있지만, 교회는 그렇지 않죠. 교회가 그러면 안 되니까요. 그러니 혹시 어떤 조건이 되지 않아 가르칠 자신이 없으신 거면, 그 조건은 세상의 것이라는 걸 떠올려 주세요. 우리가 세상에서 보내는 시간이 많다 보니 세상의 것을 교회 안으로 가지고 오게 될 때가 가끔 있더라고요.

교회학교 교사가 될 수 있는 한 가지 조건이 있다면, '예수 믿어 행복한 사람', 이 하나로 족하지 않을까요? 아이들이 "쌤은 이번에 면접 망쳤다면서 왜 이렇게 웃어요?" 하고 물으면 "나는 예수 믿잖아"라고 답해 주고, "쌤은 돈이 많을 때 행복해요?"라고 물으면 "아니, 네가 있어서 행복한데!"라고 답해 줄

수 있으면 좋겠어요. 그래서 아이들에게 잘 가르치는 교사보다 정말 예수 잘 믿는 사람으로 기억되면 좋겠어요. 아이들에겐 사랑을 가르치는 사람보다 사랑해 주는 선생님이, 한편이 되라고 말하는 사람보다 한편이 되어 주는 선생님이 더 필요하니까요.

아시죠? 한자 그대로를 풀이하면, '교사'(敎師)는 '가르치는 스승'이라는 뜻이지만, '선생'(先生)은 '먼저 살아 낸 사람'이라는 것을요. 우리, 잘 가르치기 이전에 잘 살아 내 보아요.

교사에게는 보호자의 마음이 있어야 한다고 생각해요. 거창하게 들릴지 모르지만, '영적인 보호자'가 되고 싶어요. 내가 낳지 않았어도 마음으로 낳은 자식처럼 여겨지고, 작가님 표현대로 '내 쉬키'로 주신 것 같거든요. 하지만 '내 생각이 너무 거창한가', '그럴 필요까진 없지 않나' 하는 생각도 들어요. 작가님은 어떻게 생각하세요?

 제가요, 교사 대상 강의에 한동안 가지 않았어요. 청소년들 만나고 글 쓰는 것만도 벅차서 교사 강의는 거의 응하지 못했던 거죠. 우선순위가 아니었기도 했고요. 그런데 꼭 하고 싶은 말이 생겨 불러 주시는 곳마다 다시 열심히 다니고 있어요.

"어떻게 교회 선생님이 보호자가 돼요?" 제가 들었던 이 말 때문이에요.

저는 제가 만나는 아이들을 '쉬키'라고 부르곤 하는데요, 보통 쉬키의 문제를 해결할 때, 저는 '그냥 선생님'이에요. 경찰이나 의사 등 아이들 덕분에 만난 분들이 학생과의 관계를 물으면, '교회 선생님'이라고 답한 적이 몇 번 있어요. 교회에서 품던 쉬키이니까 교회 선생님이라고 한 거죠. 그런데 너무 의아해하는 거예요. 학교 교사도 아니고 사회복지사도 아니고, 왜 교회 교사가 나서냐 하는 반응을 많이 경험했어요. 그래서 언젠가부터 '그냥 (아이를 돌보는) 선생님'이 되었어요. 지금은 교회학교 교사를 하고 있지 않고, 거리에서 만난 아이들이 더 많으니 더욱 당연하게 그렇게 말하고요. 아이들도 누군가 저에 대해 물으면, '그냥 선생님'이라고 대답해요.

한번은 경찰관이 "그냥 선생님이 어딨니?"라고 했대요. 제 쉬키가 너무 당당하게 "아저씨는 그냥 선생님도 없어요?"라고 반문했다고 해서 한참을 웃었습니다. 지금의 저는 '그냥 선생님'이 된 것이 너무 좋아요. 가족관계여야만 면회를 할 수 있거나 하는 상황에서는 가끔 '이모'라고도 하지만, 대개 '그냥 선생님'이라고 당당히 말하죠.

그런데 얼마 전에 다시 '교회 선생님'이라고 말해야 할 상황이 생겼어요. 합의해야 하는 상대가 교역자라는 걸 알게 되었거든요. 저는 그 사실이 희망이라고 생각했어요. 교역자라면 제 마음을 누구보다 잘 알 테니까요. 우리 아이가 하나님을 알아 가는 과정이라는 걸, 누구보다 잘 이해해 줄 거라 생각했지요. 그래서 저를 교회 선생이라 밝히고 열심히 설명했어요. '이 아이가 교회를 다닌 지 3년이 되었는데 이제야 하나님을 향한 마음이 열리기 시작했다, 잘못을 깊이 반성하고 사과하도록 잘 가르치겠다, 선처 부탁드린다, 하나님이 주신 지식이라 생각하고 있다, 보호자의 마음으로 잘 가르치겠다…'

저는 말을 마치고 희망을 고이 품고 답변을 기다렸어요. 하지만 아주 차가운 말이 돌아왔죠.

"어떻게 교회 선생님이 보호자가 돼요?"

한껏 부풀었던 희망은 그 한마디에 바로 터져 버렸어요. 싸운 것도 아니고, 실수였어요. 오토바이를 타고 가다가 신호등이 바뀌기 직전에 시동을 걸었죠. 그래서 상대방의 자녀가 다쳤어요. 합의를 부탁드렸는데 신고를 했고, 합의 조건 또한 저희가 느끼기에는 아주 부당했어요. 물론 속상하셨겠죠. 자식이 다쳤는데 왜 가슴이 아프지 않겠어요. 하지만 선처해 주실 거라 믿었어요. 아니, 선처가 아니라도 이해는 해주실 줄 알았어요. 너무 순진하고 어리석었는지 모르지만, 저는 그래도 우리끼리는 교회 선생님이 보호자의 마음을 갖는 것이 믿음과 연결되는 일이라고, 그렇게 이해될 거라고 믿었거든요. 저의 '우리'라는 범주가 너무 넓었는지 모르겠지만요.

그날 아주 속상했어요. 그래서 교사들에게 강의하러 가요. 강의보다는 부탁이죠. 우리의 머리카락까지 세시는 하나님이 그냥 우연히 우리에게 그 아이를 맡기셨겠냐고, 꼭 우리가 품어야 하니 우리에게 맡기지 않으셨겠냐고, 그저 자신이 조건 없이 사랑받았다는 이유로 그 사랑을 실천하겠다고 약속하고 진짜 그 사랑을 실천하는 보호자는 세상에 생각보다 많지 않다고, 그런데 우리가 그런 멋진 보호자인 거라고, 그렇게 아주 특별한 보호자인 거라고….

저도 가끔 생각해요. 괜히 나 혼자 깊이 생각하는 거 아닌가. 이렇게까지 할 필요는 없는 거 아닌가. 그런데 그런 의문은 하나님을 보면 더 많이 생겨요. 이렇게까지 사랑하실 필요는 없는 거 아닌가. 이렇게까지 용서하시지 않아도 되지 않을까. 왜 이렇게까지 하시면서 날 포기하지 않으시지.

하나님이 그런 분이잖아요. 굳이 이렇게까지 하시는 분. 그러면 우리가 이렇게까지 마음을 품고 실천하는 건 하나님을 닮은 거 아닐까요? 동의하지 않으시는 분도 있을지 몰라요. 괜찮아요. 그런데 저는요, 질문하신 선생님께 정말 감사해요. 보호자라고 생각해 주셔서. 마음으로 낳은 '내 쉬키'라고 믿어 주셔서. 감사드립니다.

교사, 그만두고 싶어요.

제가 "그만두세요"라고 말씀드리면 선생님 마음이 조금 시원하실까요? 이 책을 읽는 분이 교육부 전도사님이나 목사님이라면 제 말에 가슴이 답답해지시겠죠?!

저는 평신도 교사이니 제 입장에서 솔직히 말씀드릴게요. 완전히 소진되어 도저히 못 하겠기에 이런 질문을 하신 거라면 저는 그만두시는 것도 한 방법이라고 생각해요. 하지만 저에게 그만두고 싶다는 말씀을 하신 분들의 마음에는 "그만두고 싶지 않아"라는 마음도 들어 있더라고요. 그래서 왜 그만두고 싶은지 잘 생각해 보시면 좋겠습니다.

저에게 상담을 요청한 분들의 그만두고 싶은 이유는 저마다 달랐지만, 크게 볼 때 '관계' 때문이었어요. 함께 교사를 하는 분 중에 마음을 어렵게 하는 사람이 있어서 그만두고 싶은 건 아니신가요? 저는요, 어른이 되면 사람 마음이 넓어지는 줄 알았어요. 그런데 아니더라고요. 여전히 좁은 마음인 터라 그 속에 들일 수 있는 사람 숫자가 점점 작아지더라고요.

'마음에 든다'는 곧 '마음에 들인다'는 표현인데요, 제 마음에 '너'를 들일 공간은 좁아지고 '나'만 늘어나요. A를 만났을 때 행동하는 나, B를 만났을 때 행동하는 나, 교회에 갔을 때 아무렇지도 않은 척하는 나, 집에 있을 때 더 아무렇지도 않은 척하는 나… 나만 늘어나서 상대를 받아들일 공간이 없는 것이 제 마음이더라고요.

선생님의 마음은 저보다 훨씬 넓으실 거예요. 그래도 사람 마음이란 게 각자가 생각하는 것보다는 좁더라고요. 그러니 누군가 마음에 안 드는 건 당연한 일이에요! 그렇다고 그 당연한 일을 마주할 때마다 그 모임을, 그 공동체를 포기할 수는 없죠. 모두를 사랑할 수 있는 사람도 없고, 모두에게 사랑받을 수 있는 사람도 존재하지 않잖아요. 저희가 할 수 있는 일이라고는, 그런 그도 하나님이 나처럼 사랑하는 사람임을 인정하는 것이죠.

그런데 도무지 사랑하는 마음이 생기지 않는다고요? 그러

4.
마음과
돌봄

니까 저희가 인간이죠. 내가 미워하는 사람이 그저 같은 교회에 다닌다는 이유만으로 사랑스러워 보이는 능력이 제게 있다면 저는 신흥종교를 만들어 교주가 되겠습니다. 종교 이름은 '오작교'라고 할게요. 하지만 불가능하겠죠? 저는 미운 사람이 아주 많거든요. 설마 이 농담을 다큐멘터리로 읽으신 분이 없길 바라며(^^), 이야기를 이어 갈게요.

그 사람과 가능한 한 부딪히지 않되 같이 있을 때 사랑의 감정이 안 생긴다고 자책하지는 마세요. 정죄하지도 마시고요. 앞에서 말씀드렸듯이 우리는 사람이니까요. 그리고 성경은 감정의 사랑만 언급하지 않아요. 행동하는 사랑이 많이 나오죠. 사랑은, 예뻐하고 싶은 사람만 좋아하는 '감정'이 아니라, 예뻐하고 싶지 않은 사람에게도 '행동'하는 것 아닐까요? 좋아하는 사람과 안 좋아하는 사람 모두에게 똑같이 사탕을 나눠 줄 수는 있잖아요. 마음에 드는 사람과 안 드는 사람에게 똑같이 물 한 컵을 건넬 수는 있잖아요. 그건 가식이 아니라 '행동의 사랑'이에요.

예수님도 누구에게나 친절하게만 대해 주지는 않으셨어요. 혼내기도 하시고, 미워하기도 하셨죠. 인간의 모습으로 태어나 감정을 가지고 계셨던 분인데 어떻게 모두를 감정의 사랑으로만 보셨겠어요. 하지만 예수님은 행동의 사랑을 하셨죠. 그러니 우리도 예수님을 본받아 사랑을 행동으로 실천해요! 감정이 온전히 따라와 주지 않더라도요.

인간관계 때문에 그만두고 싶은 것이 아닐 수도 있을 텐데 선생님의 상황을 잘 모르니 가장 많은 상담 사례가 있었던 '관계'에 대한 것만 말씀드렸어요. 그만두고 싶은 이유가 무엇인지 잘 살펴보시고, 선생님의 마음을 자세히 관찰해 보세요. 그래서 그만둘 정도의 이유가 아니라는 걸 알게 되시면 좋겠지만, 정말 그만두어야 할 이유라면 그 결정 또한 존중합니다.

언젠가 작가와의 만남에서 한 녀석이 물었어요. "작가님은 피곤하고 지칠 때 뭐 하세요?"

"자야지, 뭘 해."

너무 지치고 피곤하다면 가능한 시간만큼이라도 쉬시면 좋겠습니다. 배고플 때 장을 보면 지나치게 많은 음식을 사게 되는 것처럼, 너무 피곤할 때 내리는 결정들은 그렇게 지혜롭지 못한 것 같아요. 잘 쉬시고, 무엇보다 선생님의 마음에 평안한 결정을 내리실 수 있기를 바랍니다.

교사로서 봉사한다는 건 생각했던 것보다 훨씬 힘든 듯해요. 작가님은 어떠세요?

청소년과 함께하고 싶거나 이미 함께하고 있는 분들이 저를 가끔 찾아와요. 그 자리에서 선생님과 똑같은 질문을 하시죠. 물론 다른 질문도 많이 건네지만, 이 말씀은 꼭 하시는 것 같아요. 생각지도 못했는데 힘들다고, 예상했던 것보다 훨씬 힘들다고 말이에요.

충분히 공감해요. 정말 힘들다는 걸 제가 너무 잘 아니까요. 그런데요, 힘든 건 사실 기본값이에요. 내 몸 하나 책임지는 일도 힘든데, 한 영혼의 손을 잡는 일이 왜 힘들지 않겠어요. 힘들어요. 진짜, 엄청, 너무, 아주, 힘들죠. 그러니 생각지도 못했던 건 어쩌면 행운이에요. 생각할 수 있었다면 어떻게 우리가 이 역할을 할 수 있겠어요. 이렇게 힘든 걸 미리 알았다면, 다른 사람은 몰라도 저는 절대 못 했을 거예요.

그러니 꼭 기억하시면 좋겠어요. 교사는 힘들어도 하는 거, 힘들지 않아서 하는 게 아니라는 거. 힘들어도 해야 할 이유가 있으니 하는 거고, 힘들어도 하고 싶게 만드는 기쁨이 생기니 견뎌진다는 거.

다시 한번 말씀드리지만, 정말 힘들어요! 교사가 힘들다는 건 글쟁이들의 노트북에 깔려 있는 한글(hwp) 프로그램처럼 기본으로 설치되어 있는 거예요. 하지만 감동도 기쁨도 그 위에 쓸 수 있는 거잖아요. 그것 없이는 아무것도 할 수 없어요!

교사를 오랫동안 할 수 있는 방법에는 뭐가 있을까요?

이 질문을 받고 적잖이 고민했습니다. 책을 여러 권 냈으니 작가로서는 전문가라고 할 수 있겠지만, 상담과 강의 면에서는 '야매'인 사람이라 특별한 방법, 이론 같은 건 잘 모르거든요. 그래도 '야매'로서의 자존심을 걸고 대답해 드릴게요. 일단 두 가지 방법이 생각났습니다.

 첫 번째는 '오늘만 한다' 정신입니다. 저한테 청소년을 어떻게 이렇게 오래 만날 수 있냐고 물으시면 이처럼 대답해요. "그냥 '오늘만 하자' 하고 했어요. 그러다 내일이 오늘이 되면, 또 오늘만 하자 했고요. 언제까지 하겠다, 그런 걸 정한 적이 없어요. 지금도 모르고요."

진짜 그래요. 치킨값도 없었고, 청소년 상담을 전공한 사람도 아니고, 뭘 계획하고 내다볼 여유도 없었거든요. 그런데 한 명을 만나게 된 거죠. 그래서 '그래, 오늘 만났으니 밥이나 먹자. 밥 먹으면서 얘기나 들어 주자' 그랬어요. 그 오늘이 쌓여 이 책이 나올 때쯤에는 16년 차 야매 상담사가 되어 있겠네요.

그런데 제가 "이 일을 16년은 하자" 하고 시작했으면 못 했을 거예요. 저는 '봉우리에 올라갈 수 있는 방법은 어디쯤이 봉우리인지 모르는 것'이라고 생각해요. 모르고 그냥 가는 거죠. 그러다 보면 봉우리에 오르게 되고, 오르면 다시 내려오게 되지요. 올라가든 내려오든 그냥 걷는 거지, '올라가서 좋다', '내려와서 아쉽다'는 감정은 없는 거죠.

봉우리가 어딘지를 알고 그 봉우리만을 목적으로 오르면 금세 지치죠. 결국 봉우리에 오르더라도 내려오다 보면 오르지 못했던 사람보다 더 우울해지기도 하고요. 그러니 그냥 오늘만 우선 해보세요. 내일이 오늘이 되면 또 하시고, 그러다 어느 날 못 하겠다는 생각이 드는 오늘이 오면 그때 마음의 소리를 들으면 되죠. 사실 우리는 어디에 오르려는 게 아니라 주님과 동행하려는 것이니까요.

그리고 너-무 열심히 하지 마세요. 이게 제가 말씀드릴 수 있는 두 번째 방법이에요. 담당 교역자님이 이 책을 보시고 악플 달면 어쩌나 싶은 답변이네요. 교사들이 읽는 책이라고 해서 샀더니, 열심히 하라고 해도 모자랄 판에 열심히 하지 말라고 하고 있으니까요. 제가 생각해도 이상하지만, 한국말은 끝까지 들어봐야 하잖아요. 조금 참고 들어 주세요.

우리는 너-어-무 열심히 해요. 저도 그래요. 뭘 시작하면 며칠 만에 끝낼 수 있을 것처럼 잠을 반납하고 달려요. 그러다가 며칠 만에 안 끝나면 그때부턴 하기가 싫어지죠. 예를 들어, 올해는 얼른 성경 일독 하자 하고 시작해서 달리다가 레위기에서 제사만 지내다가 한 해가 지나가요. 저만 그런 거 아니죠? 제가 강의 중에 이 얘기를 하면 많은 분들이 공감하시더라고요.

자신이 가지고 있는 에너지가 100일 때, 어떤 일에 50 이상을 쓰면 안 된다고 생각해요. 그럼 금방 지치거든요. 마음은 진심으로 전력질주하고 싶으나, 몸은 그런 마음을 따라가기에 역부족일 때가 많아요. 저는 점점 '체력이 국력이고 심력이구나' 하고 느껴요. 마음에 아무리 힘이 있어도 체력이 안 따라 주니 마음처럼 되지 않더라고요. 그러니 모든 에너지를 다 쏟지는 마시고요, 오늘 하실 수 있는 만큼만 하셔서 에너지를 아끼며 걸어 나가셨으면 좋겠어요.

   그런데 이 글을 쓰면서 다시 생각해 보니 선생님의 질문이 참 기분 좋게 하네요. 교사를 하다가 금방 그만두고 싶어질까 봐 걱정하는 분들이 많은데, 오래 하고 싶으시단 거잖아요. 그 마음만으로도 칭찬해 드리고 싶습니다. 아이들은요, 진심을 알고 느껴요. 아마 선생님의 진심이 아이들에게 닿았을 거예요. 그러니 그 마음으로 오늘을 살아 주세요. 내일 일은 어차피 우리의 권한이 아니잖아요.

귀한 사역, 하시네요. 저도 그렇게 쓰임받고 싶은데, 우리 교회는 아이들도 별로 없고…. 쉽지 않은 것 같아요. 어떻게 하면 작가님처럼 사역할 수 있을까요?

감사드립니다. 이런 말을 들을 때마다 저를 칭찬하려고 하시는 말씀이니 무척 감사하면서도 사실 마음이 편치만은 않아요. 누군가에게 귀한 사역을 한다고 말하는 건 그 사람을 위한 칭찬이지만, 함께 하자는 마음은 빠진 느낌이 들거든요. "귀한 사역을 하니 멋지다. 응원한다. 그런데 그건 네가 할 일이지 우리가 할 일은 아니다." 이런 뜻이 내포되어 있을 때가 많다고 느껴요. 제가 너무 예민한 걸까요? 저는 같이 하자고 말하고 싶어서 책을 쓰고 강의를 하는 건데, 네가 하는 건 멋지지만 우리는 어렵다고 선을 그으시는 것 같을 때가 많거든요.

물론 귀하다고 해주시는 말씀이야 백 번 천 번 감사하지요. 하지만 귀한 사역을 저만 하는 게 아니잖아요. 저에게 질문하신 선생님, 이 책을 읽는 선생님도 그 귀한 사역을 하시고 계시잖아요. 저도 귀하고 제가 만나는 아이들도 귀하고, 선생님도 귀하고 선생님이 만나는 아이들도 참 귀해요.

설마 제 사역의 반경이 선생님보다 조금 넓고, 만나는 아이가 많다고 해서 그런 말씀을 하시는 건 아니죠? 선생님도 아시잖아요. 꼭 여러 곳을 다니고 많은 인원을 만나야 귀한 게 아니라는 거요. 한 영혼이 천하보다 귀하니까요.

선생님. 선생님도 한 영혼으로서 귀해요. 선생님 곁의 한 영혼도 귀하고요. 누가 알아주지 않아도, 저처럼 앞에 서서 말하지 않아도 선생님 자체로서 귀하십니다. 이름도 없이 빛도 없이, 그저 묵묵히 그 자리를 지키며 영혼을 사랑하는 것만큼 귀한 게 또 어디 있겠어요.

'귀함'마저 비교하며 어떤 것이 더 귀하고 어떤 것이 덜 귀하다고 말하고 싶지는 않지만, 그래도 제일 귀한 걸 꼽으라면 저는 지역 교회에서 묵묵히 교사의 직무를 감당하는 선생님들이라고 당당히 대답할 겁니다. 질문하신 선생님을 비롯해 그런 분들이야말로 드러나지 않은 '진짜'라고 생각하거든요.

4.
마음과
돌봄

"쓰임받으니 좋으시겠어요"라는 말도 가끔 들어요. 선생님도 저처럼 쓰임받고 싶다고 하셨죠? 그런데요, 쓰임받는 건 저뿐인가요? 세미나에서 강의하는 사람만 쓰임받는 걸까요? 세미나에 와서 앉아 계신 분들은요? 조금이라도 더 배워서 아이들을 사랑하는 데 쓰시려고 경청하고 필기하며 집중하시는 분들은요? 또, 책을 쓰는 저만 쓰임받는 걸까요? 책을 읽고 계신 선생님은요? 어떻게 하면 더 쓰임받을까, 어떻게 하면 더 사랑할까 고민하며, 피곤해도 시간을 쪼개고 쪼개서 책을 읽고 계시잖아요.

저는요, 세미나가 쓰임받는 사람을 관람하는 시간이라고 생각하지 않아요. 우리 모두 각자의 자리에서 쓰임받고 있다는 걸 떠올리며 서로 공감하고 마음을 나누는 자리이죠. 제가 무슨 사업 발표를 하러 가는 게 아니잖아요. 저만 귀한 사역한다고 말하러 가는 것도 아니고요. 지금 그 자리에 계셔 주셔서 감사하고, 우리 모두 귀하다고 말해 주러 가는 거예요. 저는요, 지금 이 땅의 아이, 그 한 영혼을 품는 한 사람이 되자고, 혼자는 할 수 없지만 우리가 같이 하면 가능하다고 말씀드리고 싶어요.

무대 위에 있는 사람과 아래에 있는 사람을 나누는 것, 숫자로 승부하는 것, 더 많이 일한 사람만 칭찬하는 것…. 이런 방식은 이미 세상이 하고 있는 거라서 식상하잖아요. 그러니 우리는 그런 것 따라 하지 말고, 무대 위의 사람이나 아래의 사람이나 다 같이 귀하다는 것, 숫자의 많음보다 한 영혼을 품는 것, 100도 1이 모여야 가능한 숫자라는 걸 아는 것, 칭찬은 하되 한 사람만 많이 칭찬하지 말고 우리 같이 협력하여 선을 이루는 것을 격려하면 좋겠어요. 세상이 재미없다 여겨 못 하고 안 하는 것들을, 우리가 같이 하는 게 저는 제일 신나요.

  선생님은 지금처럼 하시면 돼요. 아이들에게 관심을 가지고 사랑하며, 어떻게 더 잘할 수 있을까 고민하며, '저처럼' 말고 '선생님'처럼 하시면 돼요. 지금 곁에 있는 한 영혼의 손을 잡고, 진심으로, 간절히 기도하면서요. 그 모습을 생각하면 저도 절로 미소가 지어지는데, 하나님은 어떠시겠어요? 아주 흐뭇하게 웃으시겠죠.

똑같이 사랑해 주고 싶은데, 아이들끼리 비교가 되기도 하고, 어떤 아이가 유독 예쁘기도 하고 그래요. 그런 마음이 들 땐 어떻게 해야 하나요?

사랑, 정말 어렵죠. 나에게 온 영혼들을 똑같이 사랑하기란 더 어렵고요. 가만히 생각해 보면, 제가 토크콘서트나 강의 후에 받는 질문들 대부분이 사랑의 어려움에 관한 거예요. 보호자가 아이를 더 사랑하고 싶은데 어려워서, 교사가 아이를 더 사랑하고 싶은데 잘 안 되어서, 리더가 구성원을 더 사랑하고 싶은데 방법을 몰라서 질문하죠.

저는 질문을 들을 때마다 가장 지혜로운 답을 들려주고 싶어서 노력해요. 하지만 부족한 답일 때가 많죠. 저는 매일 한계를 느끼는 사람이라 제 삶을 벗어나 답을 주기가 쉽지 않거든요. 그리고 저에게도 사랑은 참 어렵고요. 어려우니까 이게 뭔가 싶고, 조금 더 하면 알게 되려나 해서 계속하는 거지, 제가 사랑을 좀 알고 쉽게 배우는 사람이었으면 진즉 그만뒀을지도 몰라요.

저도 질문하신 선생님과 같은 질문을 드리며 기도한 적이 있어요. 그런데 뭐 정확한 답이 돌아올 리 있나요. 가끔은 정확한 목소리로 말씀해 주시면 얼마나 좋아요. 말씀이 없으셔서 답답해하면서도, 제가 계속 사랑하기를 그분이 바라신다는 것만큼은 정확히 알고 있으니 사랑할 수밖에 없었어요. 그때는 저도 너무 답답하더라고요. 내 안에도 밖에도 답이 존재하지 않는 것 같아서요.

그래서 성경을 펴고 '사랑'이란 단어를 모조리 찾아 색연필로 동그라미를 치고 '사랑'이 등장하는 구절을 노트에 적었어요. 요즘처럼 성경 앱이 있지도 않아서 꽤 오랜 시간이 걸렸는데, 다 적고 세어 보니 557개더라고요. 저는 무작정 그 구절들을 읽어 내려갔어요. 정확한 답을 얻겠다는 마음은 아니었어요. 그 가운데 어느 한 구절이라도 나를 움직여 주었으면 하는 마음, 내 답답함을 조금이라도 해소할 만한 인사이트를 얻었으면 하는 마음이 있었을 뿐이죠.

어떻게 되었을까요? 며칠을 읽어도 그런 마음은 찾아지지 않았지만, 이마를 딱 칠 만한 일이 생겼어요. 직업이 작가라서 그런지, 문장의 구조가 다른 게 눈에 들어오더라고요. 하나님의 사랑을 말할 때는 없던 조사가 인간의 사랑을 말할 때는 있었어요! 바로 비교격 조사 '보다'였어요.

>야곱이 레아**보다** 라헬을 더 사랑.
>야곱이 형들**보다** 요셉을 더 사랑.
>아하수에로 왕이 모든 여자**보다** 에스더를 더 사랑.

그때 알았죠. '인간의 사랑은 하나님의 사랑과 같을 수는 없겠구나. 하나님은 비교하시지 않지만 인간은 비교하며 사랑하고 있구나. 안간힘을 다해 사랑해도 하나님의 사랑을 따라가기는 어렵겠구나.'

그런 생각이 드니 마음이 편해졌어요. '내가 사랑해야 하는 사람들을 똑같이 사랑하려고 노력하되 그것이 잘 안 되더라도 자책하지 말고, 그저 하나님의 사랑을 닮으려는 그 노력을 그치지만 말자. 그저 내가 할 수 있는 만큼만 하자.' 그런 마음이 들더라고요.

나를 갉아먹을 정도로 하는 게 무슨 사랑이겠어요. 내가 소진되기만 하는 것이 무슨 사랑이겠어요. 우리는 우리가 닮고 싶은 사랑을 하기 위해 노력하고 있잖아요. 비교 하나 없는 그 사랑을 따라 하는 게 쉽다면 그게 더 이상하잖아요. 비교를 해야지 해서 하는 게 아니라 나도 모르게 비교가 되잖아요. 그걸 티 내거나 말로 해서가 아니라, 그런 사람이 될까 봐 겁이 나는 거잖아요. 하지만 우리는 사람인지라, 그런 마음조차 들지 않는 건 힘들어요. 우린 하나님이 아니니까요.

그러니 유독 예쁜 아이가 있다는 걸 인정하되 똑같이 예쁘게 바라볼 수 있도록 노력해요. 비교가 됐다는 걸 인정하되 비교하지 않도록 노력해요. 어렵지만 해보시죠! 어렵다고 할 시간에 그냥 합시다요. 어려운 게 당연한 거였으니 그저 내가 할 수 있는 만큼만 해봅시다.

제가 너무 연설처럼 말했나요? 글로 쓰는 데도 목이 아픈 느낌이네요. 당당하게 외치고 싶었나 봐요. 하지만 그래도 사랑은 힘들 거예요. 똑같이 사랑하는 건 더욱 힘들고요. 그런데 미워해 보니 미워하는 것도 상당히 힘들던데요. 사랑도 미움도 힘든 거라면, 이왕 힘들 거 사랑 쪽으로 조금 더 가봐요, 우리! 사랑과 반대쪽으로 가려는 마음을 조금씩 조금씩 되돌리고 달래면서요.

4.
마음과
돌봄

아이들에게 간식을 많이 사 주고 싶지만, 현실이 제 마음을 따라주지 않네요. 이럴 때는 어떻게 하면 좋을까요?

형편대로 하시면 좋겠어요. 사 주고 싶은 마음이 없다면 문제가 되겠지만, 마음이 있으시니까요. 우리의 현실은 마음의 편이 아닐 때가 많아요. 그래도 마음의 편에 서서 위축되지 마시고 할 수 있는 만큼 하시면 좋겠어요. 생각해 보면, 하나님이 우리에게 할 수 없는 걸 하라고 시킨 적은 없는 것 같아요. 나보다 나를 잘 아시는 분이니까요.

저에겐 일명 '치킨값 통장'이 있어요. 지금은 '마라탕 통장'이라고 해야 적절할 것 같네요. 요즘은 아이들이 치킨보다 마라탕을 더 좋아하거든요. 그 통장의 돈은 아이들만을 위해 써요. 아이들과 함께 치킨이나 마라탕 등을 먹을 때 가장 많이 사용하고요, 아이들의 월세나 공과금 등을 내는 데도 쓰고, 책이나 옷을 사 줄 때도 써요. 아이들의 필요에 따라 사용되죠.

그 통장을 만든 후 기도했어요. 잔액이 0원이 되면 연대하는 삶은 거기까지만 하겠다고요. 그래 놓고 열심히 벌어 부지런히 채우고 있어요. 그런데 참 희한한 방식으로 채워지기도 해요. 수술한 제 친구가 보험금을 받았다며 입금해 주질 않나, 잘 모르는 분이 후원 통장이 있으면 빨리 알려 달라고 재촉하질 않나, 같이 책을 만들게 된 편집자가 치킨 두 마리 사 주고 싶다며 갑자기 돈을 보내기도 하고, 언니 같은 선교사님과 오빠 같은 목사님이 왜 힘든 얘길 안 하냐며 문득 채워 주기도 해요.

오늘은 아들을 하늘로 떠나보낸 분에게서 연락이 왔어요. 한번 만나 같이 울었던 분이에요. 그분이 자기 아들 같은 아이들을 먹여 달라면서 갑자기 채워 주셨어요. 사실 이런 얘기를 공개하기가 참 조심스럽지만 오늘은 말씀드리고 싶네요. 그렇게 신기하게 채워주심을 경험하면서도 불안할 때가 많거든요. 그런데 그런 불안감 때문에 하나님께 죄송해질 때 더욱 채워주심을 많이 경험해요. 통장을 채워 주시기도 하지만, 저의 마음을 풍족히 채워 주시거든요.

자신의 강의나 책을 열심히 홍보하는 분들이 있는데, 저 나름대로 하긴 하지만 아이들을 만나러 뛰어다니다 보면 제대로 알리지 못할 때가 많아요. 그런데 이름도 모르는 분들이, 또는 예상치도 않았던 분들이 추천하시고 홍보해 주신다는 얘길 많이 들어요. 저는 이런 일을 경험할 때마다 진짜 설레요. 제가 아이들을 도우면 나를 돕는 누군가가 생기는 경험이요. 그걸 바라고 하는 일은 절대 아니지만 이런 일들을 경험할 때마다 감동이 밀려와요.

누군가를 살펴야 하는 편에서 연대하는 분들은 그런 사람이 한 사람이든 열 사람이든 상대를 도우면서도 불안하고 걱정이 되죠. 그건 지극히 정상이에요. 선생님들도 아이들에게 베풀면서 왜 안 불안하시겠어요. 가깝게는 생활비가 걱정되고, 멀게는 노후도 걱정될 거예요. 저도 그래요. 하지만 진심으로 내가 누군가를 도우면 나를 돕는 누군가가 생겨요. 내가 힘든 이의 손을 잡으면 내 손을 잡아 줄 누군가도 생기죠. 이것이 연대의 힘이고, 연대를 지속하는 동력이며, 사랑의 법칙인 것 같아요. 아시잖아요? 하늘은 스스로 돕는 자를 돕는다는 것.

그러니 기쁜 마음으로 할 수 있는 만큼 나눠 주세요. 마음도 물질도 채워 주신다는 사실 잊지 마시고요.

아이들에게 해줄 것도 별로 없고 시간도 없네요. 제가 교사를 해서 아이들이 좋으면 좋겠는데, 아니면 어떡하죠?

제가 비밀을 하나 알려 드릴게요. 교사는 사실 우리가 좋아서 하는 거예요. 아이들 좋으라고 하는 게 아니고요. 보호자가 교육을 시키는 마음과 비슷하죠. 그거, 사실 보호자가 좋아서 하는 것이거든요. 내가 너의 보호자로 이 정도는 해주고 싶고, 네가 이 정도 교육은 받으면 좋겠고, 이런 마음 때문에 하는 거예요. 결국은 내 마음이 좋은 거죠.

선생님은 어떠세요? 왜 다른 사역 말고 교사를 택하셨나요? 목사님께 고기 얻어먹어서요? 목사님이 고기를 사 주시면서 교사를 하라고 권유하셨나요? 그런 일이 실제 있을 수 있지만, 그렇다 해도 선생님이 교사를 하기로 선택한 것이고,

선생님의 마음이 허락한 것 아닌가요?

 그러니까 선생님이 교사를 해서 아이들이 좋으면 정말 좋겠지만 아이들에게 좋지 않으면 어떡하느냐는 마음은, 겨울이 되면 추울까 봐 걱정하는 것과 비슷해요. 할 필요가 없는 걱정이죠. 그리고 해줄 것이 많이 없다고 생각하는 그 마음이 저는 사랑이라고 느껴져요. 더 많이 해주고 싶은 마음이잖아요. 정말 따뜻한 사랑이잖아요. 그 마음을 아이들이 느낄 거예요. 선생님의 그 마음이 아이들에게 안 좋을 리 없고요.

 선생님 말씀대로 시간이 참 부족하죠. 뭐 그리 해야 할 일이 많은지, 하루는 왜 24시간에 불과한지…, 저는 매일 하늘에 대고 투덜거려요. 하지만 하나님이 갑자기 하루를 48시간으로 바꿔 주시지는 않지요. 그러니 그냥 할 수 있는 대로 시간을 내자고요.

 사랑 많은 권사님이 언젠가 저에게 "선화야, 내가 해줄 게 기도밖에 없네. 열심히 기도할게"라고 하시는 거예요. 저는 그 말을 듣고 너무 따뜻해졌어요. 그래서 수련회에 강의하러 가기 전에 그곳에 모인 아이들 명단을 따로 받기 시작했죠. 제가 거리에서 만나는 녀석들은 계속 같이 밥을 먹고 몇 번이고 만날 수 있지만, 수련회 때 강의로 만나는 아이들은 보통 한 번

밖에 못 보잖아요. 그래서 너무 아쉬웠는데, 권사님의 말씀을 듣고 아이디어가 떠오른 거예요. 같이 할 수 있는 시간이 없으니 기도할 시간이라도 내자 했던 거죠.

제가 교사 강의를 할 때면, 출석부를 한 장씩 복사해서 집에 가져가라고 말씀드려요. 하루에 한 시간을 정해서 아이들을 위해 기도하면 좋지만, 바쁜 일상 속에서 시간이 쏜살같이 지나가니 그게 쉽지 않잖아요. 그래서 출석부를 냉장고에 붙이라고 말씀드리죠. 냉장고 문을 열 때마다 아이들 이름을 부르며 기도하는 거죠. "민수, 건강하게 해주세요", "철수가 오래 결석하고 있는데 이번 주에는 나오게 해주세요" 하고요.

우리에게는 한꺼번에 모아서 하고 싶은 이상한 버릇이 있지 않나요? 기도도 1시간 혹은 30분이라도 정해 놓고 해야 할 것 같고, 헌금도 모아서 드리고 싶고…. 그런데 냉장고 열 때마다 30초씩 기도해도 60번 쌓이면 30분이에요. 한 번에 10만 원을 드릴 수도 있지만 5천 원씩 20번을 드려도 10만 원이에요. 우리가 하늘로 올려 드린 1분 1초를 하나님은 땅에 안 떨어뜨리실 거예요. 계산은 하늘에 맡기고, 우리는 할 수 있는 만큼 해보자고요.

오늘 한꺼번에 우리 반 아이들 전부와 통화해도 좋지만, 3일로 나눠서 해도 괜찮아요. 없는 시간을 어디서 빌려 오려하지 마시고, 없으면 없는 대로 잘 배분해서 할 수 있는 만큼만 내어 주면 돼요. 할 수 없는 분량을 욕심내다가 지치면 아무것도 하고 싶지 않아지는 날이 오니까요. 우리의 용량 이상을 우리 자신에게 요구하지는 않았으면 좋겠어요.

아이들이 마음을 안 열어요.

아이들이 마음을 안 열면 참 힘들죠. 미닫이문처럼 스르륵 열리면 좋은데, 그렇지 않을 때 저도 매우 힘들더라고요. 그런데 아이들도 이유가 있어요. 교회에 새로 나온 녀석이 오래 다닌 녀석에게 언젠가 이렇게 묻더군요.

"교회는 어떤 곳이야?"

그랬더니 오래 다닌 친구가 툭 뱉은 대답이 이래요.

"교회는 이별이 많은 곳이야."

옆에서 이 말을 듣는데 얼마나 미안하던지 얼굴을 못 들겠더라고요. 그 이후로 목사님이나 전도사님, 간사님께 이곳에 오래 계셔 달라고 부탁드리고, 선생님들께도 한 부서에서 최소한 3년은 있으면 좋겠다고 말씀드려요.

꼭 이별을 많이 경험해서가 아니어도, 코로나를 겪기도 했고, 평소에도 소통의 부재를 느끼는 아이들이 많아요. 부모님이 계셔도 맞벌이하느라 정서적 대화나 교감을 나눌 시간이 없고, 더욱이 보호자 말고는 다른 어른을 만날 기회가 없죠. 그래서 서류에는 가족으로 등록되어 있지 않아도 가족이 될 수 있는 교회 공동체가 저는 참 좋아요. 이모도 삼촌도, 선생님도 집사님도 권사님도 다 살가운 관계를 맺을 수 있으니까요.

아이의 마음을 열려고 노력했는데, 열리지 않으면 진짜 힘들어요. 하지만 우리가 기억해야 할 한 가지 사실! 우리가 능동적으로 노력하더라도, 마음은 상대가 능동적으로 열어야 한다는 거예요. 그 시기가 언제일지 우리는 알 수 없지만, 우리도 모르는 사이에 아이의 마음이 능동적으로 열리거든요. 언젠가는 정말 확실히 열려요. 그때가 언제일지 모를 뿐이죠.

그리고 마음이 열리지 않았다고 해서 가까워지지 않은 건 아니에요! 우리가 100미터를 가야 만날 수 있는 곳에 아이가 있다면, 50미터밖에 못 갔다 하더라도 어쨌든 가까이 간 거잖아요. 당장 만남이라는 결과를 도출해 내지 못했더라도 전보다 많이 가까워진 거예요. 또, 우리가 100미터를 온전히 가야 아이를 만날 수 있지만, 우리도 모르는 사이에 아이가 30미터나 나와 있어서 70미터 가고도 만나질 수 있고요.

그러니 지칠 땐 쉬고, 다시 힘이 나면 또 걸어가면서 다가가 보자고요. 새로 온 아이가 교회는 어떤 곳이냐고 물으면, "어른들이 먼저 사랑으로 다가와 주는 곳이야"라는 대답을 할 수 있도록 말이에요.

어른들도 그렇지만, 아이들도 세상에서 살아가는 게 힘들잖아요. 그래서 아이들과 함께하는 교육부서가 천국이면 좋겠는데, 그렇지 않은 것 같아요. 잠깐씩 함께 웃고 행복할 때가 있지만, 순간인 것 같은 기분이 들어요.

청년들과 함께하는 북토크에서 한 청년이 물었어요. 이 세상과 시스템은 쉽게 변하지 않고 아무리 노력해도 찰나의 천국 정도만 맛볼 수 있는 것 같은데, 자신이 뭘 할 수 있겠냐고요.

그 질문을 듣는데, 번뜩 떠올랐습니다.

'아, 나는 그 찰나의 천국 때문에 살았구나.'

'아, 나는 그 찰나의 천국을 함께하고 싶어서 살리는구나.'

그래서 그대로 대답했습니다.

저는 그 찰나의 천국 때문에 살고 살리는 것 같아요. 세상과 시스템은 나의 노력에 관심이 없지만, 함께 저항하고 외치고 나아가고 하다 보면 말도 안 되게 웃고 행복하고 그래요. 그 말도 안 되는 것이, 말도 안 되게 참 좋아요. 그리고 더 말도 안 되게, 더더도 세상이 조금은 바뀌고 시스템이 나아지기도 해요. 설령 그렇지 않더라도 저는 찰나의 천국을 또 계속 보고 싶어요. 찰나이지만 천국이잖아요.

이런 생각을 한 적이 있어요. '내가 천국에 가더라도 아이들이 지옥에 간다면 그곳이 천국일까? 내가 지옥에 가더라도 아이들이 천국에 간다면 몸은 지옥에 있어도 마음은 천국일 수 있지 않을까?' 그래서 기도했어요. 함께 지옥에 간다면 몸은 지옥이어도 마음은 천국일 수도 있겠지만, 그래도 같이 천국 가면 좋겠다고요.

비록 '찰나'라고 해도 아이들에게 천국을 선물할 수 있으면 좋겠어요. 그 천국에 같이 있으면 좋겠어요. 그리고 나중에 다 같이 천국에서 만나면 좋겠어요!!

오랜만에 교회 나온 아이, 어떻게 해야 계속 나올까요?

이런 질문에 묘책을 알려 드리면 좋은데, 사실 저도 잘 모른답니다. 그래도 도움이 될 만한 얘기를 하나 해드릴게요.

한 녀석이 오랜만에 교회에 갔는데 어느 선생님이 그러셨대요. "너 이번 주만 오고 다음 주부터는 안 올 거지?" 언제까지 다니겠다는 계획은 없었어도 이번 주만 나갈 생각은 아니었대요. 그런데 그 말을 들으니 왠지 가기 싫어서 다시 안 나가기 시작했대요. 사실 저 같아도 그럴 거 같아요. 뭔가 그 말에 담긴 부정적인 느낌에 감정이 상했겠지요.

일단 오랜만에 온 아이가 이제부터 계속 나올 거라고 우리 먼저 믿으면 좋겠어요. 설령 그렇지 않더라도 그렇게 믿고 기대하는 게 우리에게도 좋지 않겠어요? 그리고 무조건 환영해 주세요. "왜 이렇게 오랜만이니?", "그동안 왜 나오지 않았니?" 이런 말들 빼고요. "어머, 민수야! 잘 왔다. 환영한다", "민수, 보고 싶었는데. 다시 만나니 정말 좋구나" 이렇게요.

선생님께서 하신 질문을 바꿔서 "제가 헬스 회원권을 끊으면 꾸준히 잘 나올 수 있을까요?"라고 묻는다고 해보세요. 교회가 헬스클럽과 비슷하다는 얘기가 아니라, 성인인 우리도 무언가를 꾸준히 할 만한 방법이 딱히 없다는 말씀이에요. 우리가 확실히 알 수 있는 건, 내 걸음을 옮기시는 분은 하나님이시지만 발을 떼고 안 떼는 것을 결정하는 자유의지가 자신에게 있다는 거죠. 우리도 자유의지 때문에 정말 어디로 튈지 모르잖아요.

교회에 오랜만에 나온 녀석에게 계속 나오고 싶은 마음이 있더라도 실제로 그렇게 할지는 장담할 수 없다는 거예요. 자신에게 의지가 얼마나 있는지도 가늠하기 어렵죠. 앞으로 10년을 빠지지 않고 다니겠다는 다짐보다, '한 주 더 나가 보자. 이번 주도 가자' 정도의 다짐이 오히려 10년을 지속하게 하잖아요.

청소년 때부터 만나 이제 청년이 된 녀석이 말해요. "쌤. 저 교회 다시 나가려고요." 그래서 이유를 물으니 "그때 쌤들이 환영해 주셨던 게 기억나서요. 세상에서는 그런 환대 못 받는 거 같아요" 하더라고요. 정말 그렇잖아요. 한 영혼을 조건 없이 환대하고 환영하는 곳, 교회 외에 없잖아요. 우리도 한 영혼에게 그런 기억을 만들어 주면 좋겠어요. 그래서 한 주 더 오고, 한 주 또 올 수 있게, 어쩌다 교회를 떠났더라도 선생님의 해 같은 얼굴이 떠올라서 다시 돌아올 수 있게요!

우울한 아이도, 죽고 싶다고 말하는 아이도 많잖아요. 이 아이들에겐 어떻게 해줘야 할까요?

아이가 선생님께 그런 감정을 말했다는 건 좋은 일이에요. 그런 말을 해도 될 만큼 선생님을 신뢰하고 있단 것이니까요. 그런데 아이를 대할 때 자꾸 선생님이 들은 우울한 마음만 떠올리시면 안 돼요. 우리에게 어떤 문제가 있어서 친구에게 털어놓았더니 만날 때마다 그 얘기만 한다면 싫잖아요. 아이도 자신의 마음이 그런 상태임을 알지만, 그 얘기만 하는 건 싫을 거예요. 그러니 다른 아이들과 그냥 똑같이 대해 주세요. 같이 밥 먹고 웃긴 얘기하고 자연스럽게 안부를 묻고요. 그러다가 그 아이가 또 마음을 보여 주면 같이 잘 들여다보고 듣고 공감해 주면 돼요.

4.
마음과
돌봄

제가 처음 청소년들을 만나러 다닐 땐 아이들이 사고 치는 게 문제였어요. 사고를 쳐서 경찰서에 가고, 또 싸우고, 합의 보고…. 그런데 요즘에는 아이들의 문제가 점점 죽고 사는 문제로 가고 있어요! 그때는 "이제 사고만 치지 말라"고 했는데 이제는 "제발 죽지만 말아 달라"고 해야 하는 상황이에요. 어떤 면에서는 사고 치던 날들이 오히려 그리워요.

얼마 전에도 한 녀석이 양화대교에서 뛰어내리겠다고 난리를 쳤어요. 그런데 양화대교에는 자살 방지 장치가 되어 있어요. 무심코 볼 때는 잘 모르지만 난간에 롤러가 설치되어 있어서 올라가려고 잡으면 빙빙 돌아요. 올라갈 수가 없죠. 저는 그 사실을 알면서도 아이를 쫓아갔어요. 죽겠다는 건 "살아 달라고 말해 주세요"라는 부탁일 때가 많으니까요.

아이를 간신히 달래서 돌려보내고, 다리 위에 서 있는데 갑자기 서러운 거예요. 내가 왜 이러고 사나 싶어지는 거죠. 밀려드는 허무함에 넋을 놓고 있는데, 문득 한 생각이 스쳐 갔어요.

'나 혼자가 아니구나. 이 아이를 살리려고 누군가는 자살 방지 장치를 설치했구나. 각자 다른 방법으로 살리고 있구나. 그리고 나를 하늘이 살려 주었구나. 내 삶에도 무수한 자살 방지 장치가 되어 있었구나. 날 먼저 살려 주셔서 아이들을 살릴 수 있는 거구나.' 꼬리를 물고 이어지는 생각에 청승맞게 엉엉 울다가 돌아왔어요.

우리가 아이에게 할 수 있는 건 그런 거죠. 제가 그날 깨달았듯이 '혼자가 아니라는 것'을 알려 주고, 우리가 할 수 있는 만큼의 '자살 방지 장치'가 되어 주는 것. 아이가 생명의 불을 끄고 싶을 때 우리는 바람막이 정도가 되겠지만, 그 바람막이가 있는 것과 없는 것은 정말 큰 차이니까요. 하나님이 우리 삶에 자살 방지 장치를 무수히 설치해 놓으신 것처럼 우리 역시 하나님이 아이에게 보내 준 방지 장치이겠죠. 우리를 먼저 살려 주셨기에 우리도 그 장치로서 역할을 할 수 있는 거고요.

〈한 사람에게〉라는 노래에 이런 가사가 있어요. 제가 작사한 곡이에요.

> 산다는 건 어쩌면 그저 한 사람의 일
> 아니 한 사람에겐 한 사람이 있어서 가능한 일

우리, 그 한 사람이 되어 주어요. 우리의 곁이 필요해서 다가온, 아니 우리의 곁이 꼭 필요해서 우리에게 붙여 주신 한 아이에게 말이에요.

유치부 아이가 간식을 안 먹기에 포장해 주면서 "집에 가지고 가서 아빠엄마랑 같이 먹어" 했는데, 나중에 알고 보니 집에 아빠가 없는 아이였어요. 그걸 알고부터는 미안해서 말을 잘 못 건네겠어요. 어떻게 하죠?

그 사실을 알고 나서 많이 놀라고 미안하셨겠어요. 저도 그랬거든요. 저도 비슷한 경험을 했어요.

처음 청소년을 만나기 시작했을 무렵, 한 아이가 열이 나기에 "집에 가서 엄마랑 병원 다녀올래?" 했더니 싫다고 하더라고요. 그래서 해열제를 먹인 뒤, 집에 가서도 아프면 꼭 병원에 가라고 했는데, 알고 보니 엄마를 한 번도 본 적 없는 아이였어요. 나중에야 그 사실을 알고 미안하다고 했더니 "몰라서 그런 건 괜찮아요" 하며 오히려 저를 토닥이더라고요.

그 이후로 저도 참 조심스러워졌어요. 강의할 때도 그래요. '아빠다리'라는 표현을 쓰곤 했는데, 아빠 없는 친구들은 그 표현이 싫겠다 싶어 '양반다리'로 표현을 바꿨어요. 엄마아빠 이야기를 할 때는 엄마나 아빠나 삼촌이나 할머니를 다 등장시키기도 해요. 부모보다 보호자라는 단어를 사용하고요. 참 조심스럽죠.

그런데 이 조심스러움은 배려를 위한 것이잖아요. 그러니까 이 조심스러움이 두려움이 되지 않도록 해야 해요. 지나치게 조심스러워하다 보면 괜히 실수할까 봐 두려워서 말 자체를 하지 말아야겠다 싶어지기도 하거든요. 이건 그 상황이 두려움이 된 거예요. 아이를 배려하며 대화하기 위해 조심하는데, 아예 대화를 안 하게 된다면 뭐가 잘못돼도 크게 잘못된 거 아니겠어요.

그리고 선생님. 생각보다 아이들은 아무렇지도 않을 때가 많아요. 상처가 될 때도 있지만, 저를 토닥여 준 녀석처럼 선생님이 일부러 그러지 않았다는 걸 느끼면 문제가 되지 않을 거예요. 친해지면 오히려 "아빠가 없으면 뭐! 그게 뭐 어때!" 하면서 솔직하게 얘기하기도 하고, 아이들도 "저, 아빠 없어요. 알죠?"라고 먼저 말해 주기도 해요. 물론 유치부 아이가 그렇게까지는 할 수 없겠지만, 그래도 선생님의 마음은 느끼고 알아요. 그러니까 조심하되 편하고 친근하게 대해 주세요.

그리고 교역자와 교사들과 회의할 때 이런 사례를 말씀해 주시면 좋아요. 교회는 유독 정상가족 이데올로기에 빠져 있는 경우가 많거든요. '정상가족 이데올로기'는 아빠, 엄마, 그리고 자녀로 이루어져 있는 가족만 정상가족이라고 생각하는 걸 말해요. 아빠만 있거나 엄마만 있거나 아빠나 엄마가 없고 다른 보호자가 있는 가족도 생각보다 많은데 말이에요. 그런 가족을 정상과 비정상으로 나누는 것이 아니라, '다양한 가정'이라는 범주 안에서 평등하게 생각하셔야 한다는 걸 공유해 주세요. 그걸 생각지 못하거나 모르는 분들이 꽤 많은데, 이런 내용을 알고만 있어도 실수할 일이 훨씬 줄어들거든요.

이야기를 들어 주고 위로도 해주는데 아이의 마음이 나아지지 않는 것 같아요.

정말 공감이 됩니다. 저야말로 마음이 힘든 녀석들을 많이 만나다 보니 그런 고민이 깊을 때가 잦아요. 나는 최선을 다하는데, 아이는 그 자리인 듯해 힘이 빠지죠. 그런데 오랫동안 이 생활을 하다 보니 알아지는 게 있더라고요. 사랑을 받는데도 처음 그 자리에 계속 있는 아이는 없어요. 물론 겉에서 보기에는 아이의 모습과 증상이 전과 똑같은 것 같지만요. 하지만 그거 아세요? 내 욕심대로 성큼성큼 다가오지 않았을 뿐 조금씩 조금씩 걷고 있더라고요. 0.1씩 나아지고 있는 아이에게 제가 100을 바라고 있을 때도 많더라고요. 100을 바라면 0.1은 성장처럼 안 보이잖아요. 분명 자라고 있는데 말이에요.

열다섯 살에 죽고 싶다며 저를 찾아온 녀석이 있어요. 이제 성인이 되었는데, 여전히 죽고 싶어 해요. 몇몇 녀석들을 만난 터라 이미 지쳐 있던 어느 날, 그 녀석에게 연락이 왔어요. 그리고 똑같은 이야기를 하더군요. 평소 같으면 이해가 됐을 법도 한데, 그날은 원망이 되었어요. 제 마음을 간신히 누르고 최선을 다해 위로한 후에 하나님께 기도하며 원망을 쏟아 냈죠. 아니, 제가 십 년 가까이 이 녀석에게 최선을 다했는데, 애가 왜 살고 싶어 하지 않느냐고, 이 정도 했으면 살고 싶게 만들어 주셔야 하는 거 아니냐고. 한참을 쏟아 내는데 제 안에 이런 마음이 들어왔어요. '처음 이 일을 할 때 들어 주는 사람이 되겠다 하지 않았느냐.'

제가 처음에 그랬거든요. 그저 귀 기울여 듣기만 했는데도 한 녀석의 마음이 나아졌어요. 그래서 이 일이라면 내가 할 수 있겠다, 들어 주는 사람으로 살아야겠다, 다짐하고 기도하고 기대하며 또 한 녀석을 만나고…. 그러다가 여기까지 왔어요.

물론 저를 만나 죽지 않고 살게 된 녀석도 많죠. 사실 그 밥상을 제가 다 차렸겠습니까. 그저 다 차려진 밥상에 숟가락 하나 얹은 거죠. 그 아이의 노력, 다른 사람들의 사랑, 하늘의 도우심…. 아이가 밥은 먹을 수 있게끔 밥상은 차려져 있었던 건데, 아이들 몇 명이 저를 만나 살겠다고 하니 제가 밥상을 차린 줄 안 거죠. 제가 생각해도 어이가 없어요.

 선생님도 아시잖아요. 나 혼자 힘으로 이 아이가 완전히 나아질 수 없다는 거. 그 아이가 나아졌다면 그건 나만의 힘으로 된 게 절대 아니라는 거. 그러니 우리는 그저 우리가 할 수 있는 노력을 해요. 들어 주고 기도해 주고 사랑해 주고…. 그런데도 아이가 똑같은 마음을 쏟아 내더라도 0.1 나아지고 0.1 성장했다는 걸 믿자고요. 아이가 나아졌는지 성장했는지, 그건 하나님만 아시니 우리가 판단할 수 없잖아요. 그리고 언젠가 100이 될 날이 있음을 믿고 꿈꾸고 기대해요.

 아이가 선생님께 계속 뭔가를 얘기한다는 건 선생님이 아이에게 이미 좋은 사람이라는 뜻이에요. 한 사람 곁에 한 사람이 있을 때, 그 두 사람은 넘어져도 쓰러지지 않습니다. 아이의 곁에 있어 주셔서 감사드립니다.

작가님은 아이들을 참 예뻐하시잖아요. 어떻게 하면 그런 시각을 가질 수 있나요?

어떤 선생님이 그러시더라고요. 저는 기대치가 낮다고. 그 말이 맞는 것 같아요. 저는 '이 정도 사랑하면 적어도 이만큼은 하겠지' 하는 기대를 아예 안 해요.

그저 저는 애들한테 좀 미안해요. 환경도 기후도, 너무 망가뜨린 채 물려주게 되어서요. 열 명쯤 입힌 옷을 물려주는 같아 미안해요. 입시제도는 여전히 가혹하고, 노력해도 그 노력만큼 보상해 주지 않는 사회를 물려주게 되어 미안해요. 교회에 대해서도 어른들이 온통 오해하게 만들어 놓아서 미안해요. 청년들이 이젠 흙수저도 아니라고, 무수저라고 하더라고요. 흙으로 된 수저마저 이제 없다고요. 그런 말을 들으면 정말 쥐

구멍에라도 숨고 싶어요. 미안해서요. 더불어 아이들에게 그냥 고마워요. 사는 게 이토록 힘든 세상에서 살아 주는 것이 고마워요. 저는 무언가를 기대하기보다 존재 자체를 보게 되는 것 같아요. 이렇게 미안한데, 이곳에 존재해 주다니…. 너무 고맙고 예쁘잖아요.

한 청년이 남자친구에게 서운한 얘기를 하려고 말을 꺼냈대요. 그런데 서운한 말만 하기 뭐해서 이렇게 시작했대요.
"나는 널 만나서 진짜 행복해. 어제 내 말에 그렇게 답해서 서운했어."
그랬더니 남자친구가 놀라더래요. "진짜? 진짜 날 만나서 행복했어? 정말이야?"
들뜬 목소리로 신나서 말하는데 그 모습이 사랑스러워 서운함이 싹 가셨다고 하더군요.
그 얘길 들으면서, 아이들을 대할 때도 이러면 좋겠다고 생각했어요. 서운함도 보이고 아쉬움도 느끼겠지만, 거기에 주목하기보다 행복한 것에 밑줄을 그으면 좋겠어요. "○○가 오늘 예배에 5분 늦어서 아쉽네"보다는 "피곤할 텐데 ○○가 예배에 와서 기쁘네"로요. 다음에 일찍 오기를 기대하는 마음도 좋지만, 지금 함께 예배드리는 시간이 행복하니까요.

교사는 아이를 사랑하는 자리인데, 아이의 보호자랑 진짜 안 맞아요. 미울 때도 있고요. 미움이 점점 깊어지는 것 같은데, 이래도 괜찮을까요?

사랑하는 일은 미워하는 일이기도 한 것 같아요. 사랑만 하고 싶어서 연대하는 삶을 이어 가지만, 실은 사랑하는 만큼 미움이 자라기도 했죠.

아이들은 사랑하면서 어른들은 미워했어요. 아니, 미워할 어른들이 사랑할 아이들만큼 생겨났어요. 자신의 아이만 소중한 보호자, 자신의 아이가 소중한지 모르는 보호자, 말도 안 되는 말을 하는 경찰·변호사·의사·사장도 미웠어요. 아이들을 만나기 전에는 소수라고 여겼던 이들이 실은 다수더라고요.

그럼에도 그 미움에 잠식되지 않은 건 괜찮은 소수가 존재하기 때문이에요. 자신의 아이뿐 아니라 다른 아이들도 소중하다는 보호자, 보호자라고 부르지만 따뜻하게 이름을 불러 주고 싶은 어른이 있죠. 아직 어리다고 해서 어린아이의 일로 치부하지 않는 경찰·변호사·의사·사장도 존재해요.

알바를 하며 생활하는 녀석이 크게 다쳤을 때, 오토바이의 안부가 우선인 사장이 있는가 하면 가벼운 찰과상에도 진심으로 걱정하고 병원을 다녀오게 하는 사장이 있어요. 이런 분들이 제 미움이 늪이 되는 것을 막아 주곤 해요.

하지만 미움이 모두 사라진 적은 없어요. 사랑이 늘면 미움이 늘고, 사랑이 줄어도 미움은 줄어들지 않았죠. 여전히 계속 사랑하는 건 계속 미워하는 일이기도 해요. 그래서 저는 여전히 사랑하고 여전히 미워해요. 그래도 여전히 사랑을 추천합니다. 모두를 사랑할 수 있는 사람은 없지만, 한 명도 사랑하지 않는 사람은 없기를 바랍니다.

사랑은 이기고 싶어 하지 않지만 마침내 이기고, 미움은 이기고 싶어 하면서도 진다는 것을 아이들을 만나면서 수없이 배웠거든요.

청소년을 만나면 힘든 일도, 울 일도 너무 많지 않나요?

 청소년을 만나면 울 일도 많지만 웃을 일이 훨씬 더 많습니다.

 며칠 전 쉬키와 함께 고깃집에 갔습니다. 쉬키가 병원 진료를 마치고 나왔는데, 더 나빠지지 않았다는 사실이 기뻐서 회식하러 간 거죠. 식당 문이 열리기를 기다리며 대기 의자에 앉아서도, 식당에 들어가 음식을 기다리면서도, 우린 계속 떠들고 웃었습니다. 다른 사람들에게 방해가 될까 봐 소리를 낮추긴 했어도 터져 나오는 웃음을 막을 수는 없었죠. 잠시 후에 직원 아주머니가 고기를 가져다주었습니다. 우리는 고기를 보며 "우아!" 하며 또 웃었습니다. 아주머니가 그 모습을 보시며 말했죠.

"여기 아가씨들은 20대인가 봐."

아주머니는 제 뒤편에서 쉬키를 바라보고 있던 터라 저를 자세히 보지 못했죠. 제가 쉬키에게 조용히 하라는 제스처를 보내자 쉬키가 웃음이 터졌습니다. 저는 쉬키를 더 웃게 해주고 싶어서 너스레를 떨었지요.

"저희가 20대인 거 어떻게 아셨어요?"

앞모습을 절대 보여 주지 않고 그렇게 말하는 저를 보며 쉬키는 웃음을 멈추지 않았고, 아주머니는 그 모습을 보고 역시 웃으며 말했죠.

"나도 20대 때는 별거 아닌 거에 이렇게 웃었거든."

아주머니의 말에 쉬키가 또 자지러지게 웃는데, 저는 함께 웃으면서도 뒤통수를 툭 맞은 것 같았습니다. '아, 젊음은 이런 거구나' 싶어서요.

쉬키들을 만나면 진짜 그렇습니다. 별거 아닌 거에 깔깔 웃고, 별거 아닌 거에 뛸 듯이 좋아하고, 별거 아닌 거에 큰소리로 감사하고, 별거 아닌 거에 크게 반응하고, 별거 아닌 게 별거인 것처럼 행동하죠. 사실 별거 아닌 거라고 생각하지 않아서 자연스럽게 행동하는 것 같아요.

4.
마음과
돌봄

젊게 사는 비결, 이런 거 동영상에 엄청 나오던데, 사람마다 비결이 다르겠지만 저는 이제부터 이렇게 말하려고 합니다. 별거 아닌 거에 별거처럼 반응하시면 된다고요. 아니, 사실 별거 아닌 건 없다는 걸 아는 거죠. 별거 아닌데도 반응하는 게 아니라 별거로 여겨져서 그렇게 반응하게 되는 거니까요. 특별한 것을 찾아 헤매지 말고 어쩌면 살아 있는 매 순간이 특별한 것일지도 모른다고 생각해 보세요. 같이 만나고 같이 먹고 같이 얘기하고 같이 웃는, 별거 아닌 거라고 생각하는 순간들이 정말 별거일 수도 있으니까요.

초등부 교사예요. 아이들을 따로 심방하고 있는데, 제가 내성적인 성격이라 그런지 무슨 말을 어떻게 꺼내야 할지 모르겠어요.

내성적인 분은 아이들을 따로 심방하는 것 자체가 힘들 수 있는데, 이미 따로 심방하고 계시다니 참 감사하네요. 제 MBTI도 I(내향적)로 시작하거든요. 제가 여기저기에서 강의하고 아이들 만나러 다니는 걸 보신 분들은 안 믿으시겠지만, 극내향적 인간이랍니다. 한 시간 강의하고 나면 세 시간은 멍을 때려야 살아 있음을 느끼는 정도이죠.

그래서 저도 걱정을 많이 했어요. 아이들 만나는 사람은 텐션이 높고 E(외향적) 성향이 강해야 한다고 생각했거든요. 그런데 아이들을 만나다 보니 이런 사람 저런 사람 다 필요하더라고요. 얼마 전에 만난 녀석이 저에게 "쌤이 I라서 좋아요. 저도 I인데, 어른들 만나면 왠지 계속 얘기해야 할 것 같은 부담이 있거든요. 그런데 쌤 만나면 그런 부담이 없어요. 얘기하다가 잠깐 서로 딴짓도 하고 좀 쉬기도 하고, 그러잖아요. 그게 너무 좋아요" 하더라고요.

저는 정말 의외였어요. 이렇게 아이들을 오랜 시간 만나면서도 E가 아니라서 미안한 마음이 있었거든요. 더 재미있게 해주지 못하고, 더 시끄럽게 텐션을 끌어올려 주지 못해서요. 그런데 그 녀석 말을 들으며 깨달았어요. 내 모습 이대로 아이들을 만났기 때문에 이 일을 오래 할 수 있었던 거구나 하고요. 제가 E인 척하며 없는 텐션 끌어올리면서 아이들을 만났다면 오래 못 했을 거예요. 그나마 제 모습 그대로 했으니 여태까지 할 수 있었던 거죠.

선생님께 없는 E를 빌려와서 하려고 하지 마시고요, 있는 모습 그대로 아이들에게 다가가세요. 아이들은 솔직한 소통을 좋아해요. "쌤이 내성적인 성격이어서 무슨 말을 해야 할지 잘 모르겠어"라고 말해 주셔도 돼요. 그럼 E인 녀석은 자신이 마구 떠들어 줄 것이고, I인 녀석은 자기도 그렇다며 공감할 거예요. 그리고 I든 E든, 일단 친해지면 어색함이 줄고 말수는 자연히 늘 테니까요.

그래도 한 가지 팁은 드릴게요.

"이번 주에 가장 재미있었던 일이 뭐였어?"

"요즘 제일 행복한 일이 뭐야?"

이런 질문을 해주시면 좋아요. 재미있었던 일을 물으면 재미있었던 일을 생각하게 되잖아요. 행복한 일을 물으면 행복한 일을 생각하게 되고요. 그럼 기분이 좋아지거든요. 기분이 좋아지면 대화를 하는 데 도움이 돼요. 선생님도 재미있었던 일, 행복한 일을 미리 생각해서 준비하시고요.

가끔 "없어요!"라고 대답하는 녀석도 있어요. 일주일 내내 우울하기만 한 녀석도 있고, 가정이나 학교 생활에 문제가 생긴 녀석도 있을 수 있으니까요. 그럴 때는 "없구나. 그럴 수도 있지. 그럼 오늘 쌤하고 햄버거 먹는 이 시간만이라도 행복하면 좋겠다" 정도로 답해 주시면 돼요.

우울한 마음을 비치면 공감해 주시고, 선생님이 경험한 우울했던 마음이나 그 시절 상황을 말씀해 주셔도 좋아요. 그다음에는 "음료가 맛있다", "어떤 드라마를 봤는데 재미있었다"와 같은 소소한 이야기를 하면서 분위기가 너무 가라앉지 않게 환기해 주세요.

초등부 교사입니다. 반 애들이 6명인데, 치킨을 먹으려고 해도 취향이 모두 다르고 과자를 사 갔더니 몇 명은 자신이 좋아하는 과자가 없다며 안 먹어요. 음료수도 각기 다른 걸 말해서 그냥 물로 통일한 적도 있어요. 어떡해야 할까요?

 정신없으셨죠? 그냥 물로 통일하셨다니, 오죽하면 그러셨을까 싶네요.

아이들이 아직 어려도 생각이 있는 인격이라, 뭐든 구입 전에 물어봐 주시면 좋아요. 선생님이 먼저 의견을 물어본다면 자신들을 존중하고 배려한다는 걸 느낄 거예요. 물론 6명이 전부 다른 종류의 치킨을 원한다면 같이 시켜 먹기가 힘들죠.

그럼 이건 어떨까요? 6명이니까 이번에는 두 명에게 선택의 기회를 주는 거예요. 양념치킨, 프라이드치킨, 뿌링클, 허니콤보, 간장치킨, 순살치킨 등에서 두 가지를 시킬 건데, 무엇을 먹을지 물어보는 거예요. 그러고 나서 다음에 치킨을 시킬 때는 다른 친구의 의견을 물어보는 거죠. 제비뽑기로 치킨 선택 순번을 정하는 것도 좋겠네요.

  아이들에게는 여섯 가지를 한번에 시킬 수 없으니 이렇게 두 개씩 나눠서 시킨다고 말해 주세요. 공동체 생활인 만큼 자신이 좋아하지 않아도 조금 먹어 주면 좋겠고, 먹기 싫더라도 간식 시간에는 함께해 주길 바란다고요. 음료수도 그렇게 의견을 물어 두 종류씩 준비하면 어떨까요?

고등부 교사인데요, 명절이 지나고 주일에 아이들을 만나면 표정이 우울해 보여요. 아무래도 듣기 싫은 질문과 말을 들어서겠죠? 이럴 땐 어떻게 위로하는 게 좋을까요?

맞아요. 명절이 지나면 기분이 가라앉는 아이들이 많죠. 저도 명절 후에는 주말까지 아이들 만남과 상담 일정이 꽉 차요. 명절에는 맛있는 음식을 힘들지 않을 정도로만 만들거나 구입해 먹고 예쁜 말만 하면 좋겠어요. 너는 어째 안 늙는다, 더 예뻐졌다, 말도 예쁘게 하네, 일하느라 힘들겠다, 너무 수고한다…, 이런 얘기만 주고받으면 얼마나 좋을까요? 살이 쪘다느니, 너도 이제 나이가 들어 보인다느니 하는 말은 도대체 왜 하는 걸까요?

아이들에게도 그래요. 원서를 어디에 냈는지, 어디에 낼 건지, 왜 그런 게 궁금한지 모르겠어요. 게다가 원서를 이미 제

출했는데, 과를 바꾸면 어떻겠냐, 그 학과 나오면 돈은 벌 수 있느냐고 왜 묻는 걸까요? 대학 전공만 가지고 앞으로 돈을 많이 벌 수 있을지 없을지 알 수 있는 시대는 이미 지나지 않았나요? 어차피 듣고도 까먹어 또 물을 거면서, 대학에 대신 다녀 줄 것도 아니면서 왜 묻는 걸까요? 아이들이 부침개 먹다가 체하는 걸 보고 싶어서 하는 질문일까요? 그런 질문들 말고, 몸도 마음도 건강하길, 행복하길 바란다고 덕담만 주고받으면 좋겠어요.

  비단 청소년에게뿐 아니라, 청년들과 장년들에게도 그래요. 취업은 어련히 알아서 준비할 테고, 준비를 못 하고 있으면 또 이유가 있을 테고, 집 살 생각은 없는 게 아니라 엄두도 못 내는 거고, 출산은 계획이 없을 수도 있고 낳고 싶지만 안 생기는 것일 수도 있으니, 그저 음식 얘기나 나누면 좋겠어요. 송편이 맛있으니 하나 더 먹으라고, 오랜만에 다 같이 모여서 먹으니 참 맛있다고, 상차림과 설거지는 가위바위보로 정하자고 말이에요.

  하지만 뭐, 제가 이렇게 말한다고 해서 갑자기 그 어른들이 바뀌진 않겠지요. 그러니 아이들이 얼마나 속상할지 그 마음 알아주시고요, 명절 얘기는 하지 말고, 엽기 떡볶이나 치킨 사서 아이들과 맛있게 드세요. "이 치킨, 진짜 맛있다", "선생님도 이제 착한 맛에서 벗어나서 덜 매운 맛 정도는 먹을 수 있다", "같이 먹으니까 완전 맛있네" 하면서요. 아이들이 명절 뒤에 왜 기분이 우울한지 먼저 말하면 들어 주시고 공감하시면 되어요. 말하기 싫을 수도 있으니 굳이 묻지 마시고 맛있는 거 먹고 다른 이야기를 하면서 환기해 주세요. 명절 동안, 창문이 꽉 닫힌 집에 있었던 것처럼 답답했을 거예요. 창문을 아예 없애 줄 수는 없으니 우리가 활짝 열어 주자고요.

고등부 연말 행사 때 작년에 졸업한 아이가 와서 간증을 했어요. 그 아이가 명문대학에 입학했거든요. 그런데 저희 반 아이들 가운데는 학교에 다니지 않는 친구도 있고, 대학교에 합격 못 한 친구도 있어서 마음이 불편했어요. 다른 분들은 괜찮은 것 같은데, 제가 이상한 걸까요?

교회에는 간증 문화가 있지요. 이 책에는 간증에 대한 질문을 두 개만 다루었지만, 사실 강의 때마다 질문을 많이 받아요. 저는 간증이라는 문화를 그다지 좋아하지 않으나 존중해요. 조금 아쉽긴 하지만요.

대기업 임원의 간증을 들었어요. 그러니 대기업에서 해고된 분의 이야기도 듣고 싶어지더라고요. 중소기업 대표의 간증을 들었어요. 그렇다면 중소기업 인턴의 삶은, 기업 근처에 가보지도 못한 사람의 삶은? 왜 이런 분들은 앞에서 말할 기회가 없을까 궁금해지더군요. 대형 프랜차이즈 창업자의 이야기를 들을 땐 지역 상점 창업자의 이야기도 함께 들을 수 있기를 바랐어요. 병에 걸린 가족이 믿음으로 깨끗이 나았다는 간증을 들으면, 병이 낫지 않은 사람의 믿음이 떠올랐죠. 명문 대라는 곳에 합격한 학생의 간증을 들을 땐, 합격하지 못한 학생의 간증도 들을 수 있다면 얼마나 좋을까 생각했어요. 좋다고 알려진 대학을 졸업한 사람의 간증이 있으면 그 대학을 그만둔 사람의 이야기도 필요하지 않을까요.

교회는 말하죠, 높은 곳에 올라가는 것만이 은혜가 아니라고. 예수는 살았어요, 낮은 자리를 찾아다니며 소외된 이웃의 벗으로. 예수는 부활했어요, 말이 아닌 삶으로 하나님의 사랑을 알리려고. 하나님은 사랑하죠, 세상의 높고 낮음과 상관없이 주를 부르는 자들을 차별 없이.

우리가 들을 수 있는 것도 볼 수 있는 것도 다양해지면 어떨까 싶어요. 높은 곳의 이야기를 하지 말라는 얘기가 아니에요. 높은 곳에서 할 수 있는 이야기가 있다면 낮은 곳에서 할 수 있는 이야기도 있단 거죠. 높은 곳에 올라간 사람이 한 사람이면 낮은 곳에는 구십구 명이 있단 얘기예요. 예수님은 그 백 사람의 이야기에 똑같이 귀 기울이신다는 얘기죠. 높고 낮음을 말씀드리는 게 아닌 거 아시죠? 우리가 있는 자리는 그저 직분일 뿐, 그것만으로 믿음을 거론할 수는 없단 말씀이에요.

아이들이 물어요. "공부를 잘해서 좋은 대학에 가야 하나님이 저를 사랑하세요?"

저는 대답하죠. "아니, 그냥 너라서. 그냥 너니까 사랑하셔."

선생님이 교사를 해서 아이들을 사랑하시는 게 아니라 사랑을 받았기에 교사로 섬기는 것이니, 아이들에게도 조건 때문에 사랑받는 게 아니라 존재 자체로 사랑받는 것임을 알려줘야 한다고 생각해요. 그 마음을 전하는 데 간증이 방해가 된다면 아무리 좋은 의도라도 다시 한번 고민해 봐야 하고요.

그리고 그 자리에 있던 분들 가운데 선생님처럼 이런 간증에 불편해하는 분이 또 있었을지도 몰라요. 괜히 불평하는 것 같고, 자신만 딴지 거는 생각을 하고 있다는 생각에 표현하지 않았을지 모르죠. 그렇다면 용기 내어 건의하시는 것도 필요해요. 전체 교사회의에서 의견을 내기가 쑥스럽다면 교역자님과 부장님께 의견을 표현하시는 것도 좋을 것 같아요. '저 형처럼 공부를 열심히 해야지'라는 생각이 들기를 바라서 그런 행사를 만드셨을 테지만, '명문대 간 형만 간증할 수 있나 봐'라는 마음이 드는 아이들이 있다면, 간증을 통해 도전이 아니라 패배감을 느낀다면, 꼭 짚어 봐야 할 문제이니까요.

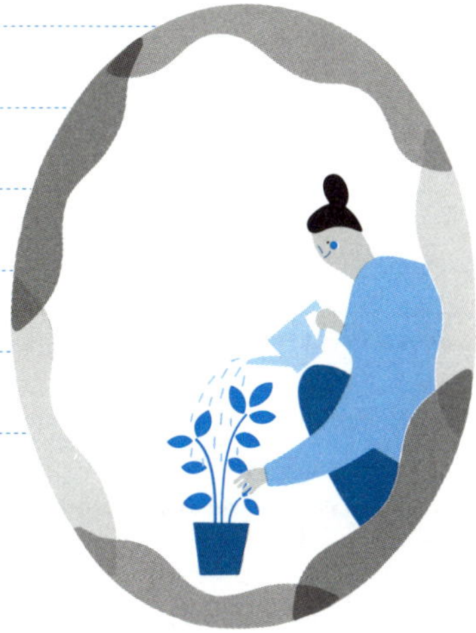